：李学勤　罗哲文　俞伟超　曾宪通　彭卿云

# 汉并天下

李　默／主编

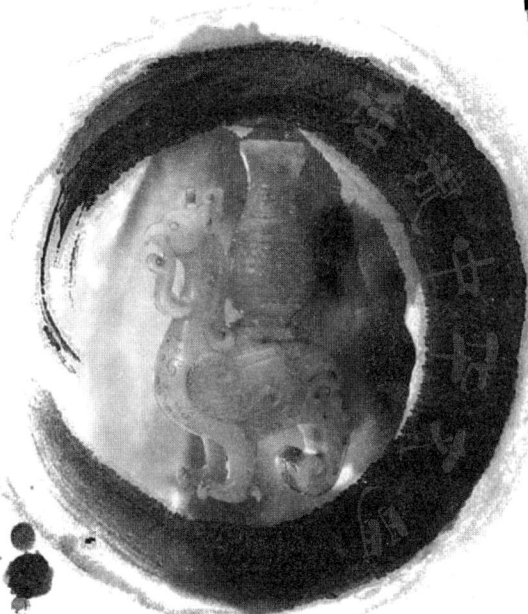

中华文明是人类历史上最伟大的文明之一，是人类文明发展的主要构成。中华文明丰富、深刻、辉煌、博大，在人类文明中的骨干作用和领导作用人所共知。在人类文明的发源时期，中华文明就是四大古文明之一，是地球上文化的策源地之一。

广东旅游出版社
GUANGDONG TRAVEL & TOURISM PRESS
阅读书·悦旅行·悦享人生

中国·广州

图书在版编目（CIP）数据

汉并天下 / 李默主编 . —— 广州 : 广东旅游出版社，
2013.1（2024.8 重印）
ISBN 978-7-80766-411-6

Ⅰ . ①汉… Ⅱ . ①李… Ⅲ . ①中国历史—汉代—通俗
读物 Ⅳ . ① K234.09

中国版本图书馆 CIP 数据核字 (2012) 第 257997 号

出 版 人：刘志松
总 策 划：李 默
责任编辑：张晶晶 黎 娜
装帧设计：盛世书香工作室 腾飞文化
责任校对：李瑞苑
责任技编：冼志良

**汉并天下**
**HAN BING TIAN XIA**

**广东旅游出版社出版发行**
（广东省广州市荔湾区沙面北街 71 号首、二层）
邮编：510130
电话：020-87347732（总编室） 020-87348887（销售热线）
投稿邮箱：2026542779@qq.com
印刷：三河市嵩川印刷有限公司
　　　（河北省廊坊市三河市杨庄镇肖庄子村）
开本：650×920mm 16 开
字数：105 千字
印张：10
版次：2013 年 1 月第 1 版
印次：2024 年 8 月第 3 次印刷
定价：45.80 元

## 出版者识

　　《话说中华文明》是一部全景式图文并茂记录中国文明历史的大书。出版者穷数年之力，会集各方力量——专家、学者、编辑、学术顾问们，在浩如烟海的历史档案、资料、著作中，探珍问宝，追寻中华文明在悠悠历史长河中的灿烂之光。此书的出版，凝聚了编撰者的心血，学术顾问们的智慧。尤其是李学勤先生，亲自动笔写下了序言，更增加了本书沉甸甸的份量。

　　中华文明的历史充满了辉煌与苦难，成就和挫折。它的历史无处不在，决定着我们中国人今天的思想和感情。当今的中国和中国人是中华文明的历史造就的，是中华文明的历史的延伸，也是它的一个组成部分，中华文明的历史之河奔流到现在。

　　中华文明是人类历史上最伟大的文明之一，是人类文明发展的主要构成。中华文明丰富、深刻、辉煌、博大，在人类文明中的骨干作用和领导作用人所共知。在人类文明的发源时期，中国就是四大古国之一，是地球上文化的策源地之一。在人类文明的早期，中华文明成为文明在东方的支柱，公元前后200年间，人类的汉帝国与罗马帝国这两只铁手攫住了地球。在欧洲进入中世纪的时候，中华文明更成为人类文明最主要的领导，它的文明统治东亚，传遍世界。进入近代，中华文明处于自身的重压和西方的欺凌下，但中国人民的斗争史和奋起精神是人类文明历史中不可缺少的一页。

　　五千年的中华文明为人类贡献出了从思想家孔子到科学技术的四大发明、从唐诗宋词到长城运河的伟大创造，贡献出了从诸子百家到宋明理学，从商周铜器到明清文学的深刻内涵，也贡献出了从五霸七强到三国纷争、从文景之治到十大武功的辉煌历史。中华文明的历史绚烂多彩，在人类文明的历史长河中永放光芒。

　　中华文明也是人类历史上最独特的文明，没有哪一个文明像中华文明这样持久，这样统一一致。世界上其他文明不但互相交错，其创造者也都与高加索体质的人种有关，它们是姐妹文明。在人类历史中，只有中华文明才是独特的，它的创造者是中国土地上的中国人民，与其他任何地方的人民都没有关系，它的文化是统一一致的文化，可以不依赖于其他任何文明而生存，但中华文明也绝不是封闭的，它接受他人的文化，也承担自己对于人类的责任。

　　人类进入新世纪，中国的社会经济发展令世人瞩目。人们对于世界未来的政治和经济结构的估计无不以东亚和太平洋为中心，而尤以中国为重点。

　　经济起飞只是当代中国的一个方面，中国的精神文明的建设尤为刻不容缓。如果中国要自觉地发展中华文明，要有意识地使中国的发展具有世界意义，就必须发展强有力的精神文化，这样才能使中华文明的发展进入一个新的阶段，才能形成中国和中华文明的全面现代化。

而中国的精神文化的发展植根于中华文明的伟大传统之中。进入近代之后，在西方文化的冲击下，对于中国文化的价值产生大量的情绪化和激烈冲突的论调。"五四"运动打倒孔家店的口号具有冲破封建束缚的时代意义，对中国文化的发展有不容否认的正面意义，与文化虚无主义是完全不同的。文化虚无主义者否定中国传统文化，在现代化的旗帜下主张全盘西化；而复古主义则沉迷于中国文化的古董，走进反进步、反科学的泥潭。

历史的发展则超越了所有这些论点，产生这些论调的一百多年来的中国近代史已经结束。历史要求中国发展，要求中国走在全世界发展的前列。西化论和复古论都已过时，历史已经要求世界超越西方，中国可以承担起世界的命运，而中国的现实和世界的历史都说明，中国的使命在于它的发展前进，而非倒退。

中华文明走出迷惘的时代，我们这一代处在一个伟大而具有挑战的历史阶段。

总结历史、展望未来，这就是《话说中华文明》的意义和使命。我们创作《话说中华文明》，力求总结和回顾中华文明的全貌，在内容和形式上都开创一个新的局面。在内容结构上，既具有一定的深度，又具有相当的广博性，既有严谨、准确的学术价值，又有活泼、流畅的可读性。丛书容纳了中华文明的各个方面，使它综合了大规模学术著作的系统性、严密性，和普及读物的全面性、简易性，它既可作为大型工具书检索中华文明的各个成分，又可作为通俗的读物进行浏览。

我们从 20 世纪 90 年代初起就开始思考中华文明的历史和现实问题，并逐渐形成了编著《话说中华文明》的设想。在开展这项庞大的文化工程之始，我们就聘请了国内权威学者李学勤、罗哲文、俞伟超、曾宪通、彭卿云诸先生担任学术顾问，他们对计划作了充分讨论，并审阅了大量初稿。我们聘请了广州、香港地区的社会科学学者、大学教师、研究生以及我社编辑人员几十人担任稿件的撰写工作。

通过创作这部书，我们深深地感受到了中华文明的博大精深，也感受到了它的内在缺陷。中华文明具有辉煌的时期，也有苦难的年代，有它灿烂的成就，也有其不足的方面。中华文明在自身中能够吸取充分的经验和教训，就能够使自身健康壮大，成长发展。

通过创作这部书，我们也深深感受到了出版事业的使命和重任。我们希望这部书能受到广大读者的喜爱，起到它所应当起的作用。为中华文明的反省、前进和奋起作一点贡献。

# 目 录

## 新朝

西汉

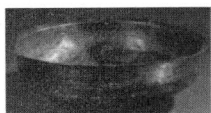

约 90B.C. ~ 80B.C.

# 西汉

89B.C. 汉征和四年

正月，武帝东巡，求神仙；三月，封禅泰山、石闾。赵过作田器便巧，又为代田以利耕种，任搜粟都尉。

87B.C. 汉后元二年

二月，武帝死，皇太子弗陵嗣位，是为孝昭皇帝，大司马大将军霍光等受遗诏共领尚书事，辅政。

武帝时开始作《禁中起居注》，开创中国历史文献新体裁。

86B.C. 汉孝昭皇帝始元元年

中国在西汉中期发明炒钢，早于欧洲近两千年。

82B.C. 汉始元五年

匈奴从降匈汉人处学得汉地穿井筑城及储藏粮食等生产技术。

增博士弟子员为百人。其后名额不断扩大；宣帝末复倍增；元帝时增至千人；成帝末达三千；平帝时规定儒士之子受业如博士弟子，不受名额限制。

81B.C. 汉始元六年

御史大夫桑弘羊与郡国所举贤良文学六十余人举行盐铁会议，辩论武帝以来盐铁官卖等经济政策。宣帝时，桓宽据会议记录整理为《盐铁论》。

苏武出使匈奴，被拘十九年，至此始被释归。

80B.C. 汉昭帝元凤元年

上官桀父子、桑弘羊等因谋废昭帝，拥立燕王刘旦，谋泄，被族诛。


88B.C.

罗马意大利同盟各邦起义运动被罗马粉碎，起义领袖之一维达西留斯自焚死。

罗马发生内乱，贵族拥护苏拉，而中下阶层罗马人民则拥护马略。马略党徒乘苏拉出征之际，攻入罗马，取夺罗马政权。苏拉回师，马略逃入非洲。

82B.C.

庞培建成现存最大的圆形剧场。

罗马将军苏拉战胜马略党徒，夺取罗马政权。苏拉被宣布为终身狄克推多（独裁者），大杀反对党，取消人民保民官之权力。

81B.C.

罗马塞多留在西班牙募集一支大军，发动起义，对苏拉独裁进行斗争，屡败罗马军。

# 赵过创代田法与耦犁

　　征和四年（前89）六月，汉武帝任赵过为搜粟都尉。赵过是著名农学家，他创造了新的耕作技术代田法与耦犁。

　　所谓代田法，耕作时把每亩土地犁成三条深、宽各一尺的圳（同畎，田间小沟）。圳旁是垄，也是一尺宽。圳垄相间。一亩定制宽六尺，正好可容纳三垄三圳。犁田时挖出的土堆到垄上，谷物种子播在圳底，使它不受风吹，可以保墒；幼苗长在圳中，也能得到和保持水分，使生长健壮。在谷物生长过程中，每次锄草时逐渐将垄土同草一起锄入圳中，培于苗根。

赵过像

到了夏天，垄上土培光用完，圳垄相齐。这样就使谷物扎根深，易于吸收营养和水分，耐旱抗风，不易倒伏。为了恢复地力，同一地块的圳垄位置隔年替换，所以称作"代田法"。

　　赵过在推广代田法的过程中，命令属下开辟空地作试验田，用代田法耕种农作物，试验结果是用代田法耕种的土地比用常法耕种的土地每亩增产一至两石。后来代田法从关中平原推广到河东、弘农、西北边郡乃至居延之地，都收到了良好的增产效果。

　　当时耦耕用2牛3人耕作：一人牵2牛，一人掌犁辕，一人扶犁。赵过又发明了耦犁，犁铧较大，增加犁壁，可调节深浅，深耕和翻土、培垄一次进行，可耕出代田法要求的深一尺、宽一尺的犁沟。2牛3人每个耕作季节可翻耕5

顷地。

代田法和耦犁的发明推广，大大促进了汉代农业生产的发展。据载，每亩可增产一斛到三斛。

## 汉发明畜力播种机耧车

西汉武帝时，搜粟都尉赵过创造了一种畜力播种机——耧车。

耧车也叫耧犁。由耧架、耧斗、耧腿等几部分组成。耧架为木制，供人扶牛牵；耧斗是放种的木箱，分大小两格，大格放大种，小格相当于播种调节门，是一个带闸板的出口，可控制下种速度，以均匀地播撒种子；耧腿是一只只开浅沟的铁铲。耧车的这些结构与现代播种机的机架、种子箱、开沟器等部分形状相似，功能相同。

耧车复原（横型）

耧车因播种幅宽、行数的不同而有一腿耧、二腿耧、三腿耧……之分。其中三腿耧能一次完成开沟、播种、覆土、镇压等多项作业，初步完成联合作业，提高了播种质量与效率，是当时较高水平的播种工具。

耧车是世界上最早出现的播种机，我国古代的耧车是现代播种机的始祖。赵过发明的耧车已有 2000 多年的历史，而西方国家发明的条播机的历史不过一两百年。

## 苏武归汉

始元二年（前 85），匈奴壶衍鞮是单于新立，遣使者欲与汉朝亲善。汉要求匈奴放回苏武、常惠等被扣押的使者，匈奴欺骗说苏武等人已死。后汉派使者至匈奴，常惠设法私见汉使，告知苏武情况。次日汉使严厉地对壶衍鞮是单于说："汉天子在上林苑射下一只大雁，雁脚拴着苏武写的帛书，说他在北海放羊。这是天意，您怎能欺骗天呢？"单于听后惊恐异常，答应放回苏武等人。始元六年（前81），苏武等9人由汉使迎接回国。苏武羁留匈奴19年，习知边地民族，归国后被任为典属国，专掌少数民族事务，他在匈奴持节不屈，后世视为坚持民族气节的典范之一。

苏武牧羊图

陶狗

陶鸡

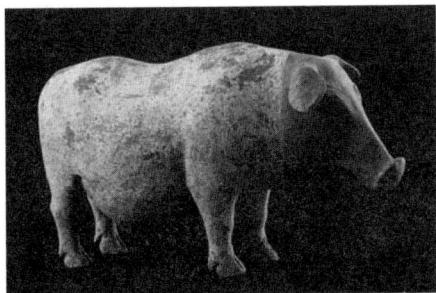

陶猪

陶鸡

**005**

陶牛

陶羊

## 汉代玻璃工艺承前启后

玻璃耳当

玻璃带钩

玻璃盘

玻璃耳杯

玻璃耳当

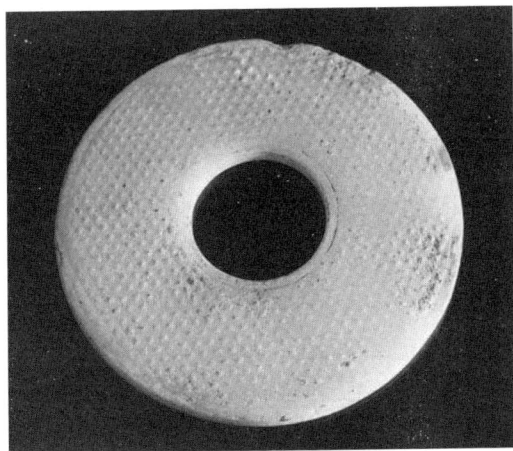
玻璃璧

玻璃耳当。呈深蓝色,半透明。器作圆柱状,上端稍小,下端略大,中部束腰,中有穿孔,可用以悬挂。此类玻璃耳当,流行于东汉时期,在我国分布区域较广,在河北、辽宁、内蒙古、陕西、甘肃、河南、湖北、湖南、四川、贵州等省区均有发现。

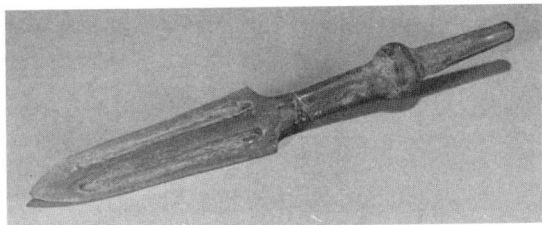
玻璃矛

　　春秋战国时期的玻璃制品,说明了我国自制玻璃已进入成熟阶段。秦始皇统一中国,汉武帝开辟通往西域之路,为中外贸易提供了有利条件,也为中外玻璃制造技术的交流提供了更大的前景。

考古发掘表明，这时西方的罗马与波斯等国家的玻璃器已大量输入我国。四十年来，我国出土的两汉玻璃器计有碗、带钩、璧、耳当、珠等 6500 余件，有青、蓝、绿、红、紫、黄、黑、白等多种颜色。陕西茂陵出土的浅绿色玻璃璧，经光谱分析知其为铅玻璃，应是汉代皇家作坊即东园或尚方所属作坊的制品。河北满城刘胜墓出土的玻璃器中最为著名的是玻璃盘和玻璃耳杯，均以范铸成形，属于铅钡玻璃。广东广州南越王墓出土的板状透明玻璃，尤其引人注意。经检验结果表明，广州玻璃与北方的铅钡玻璃不同，属于钾硅玻璃。据万震《南州异物志》记载，南海一带以南海之滨的自然灰为助溶剂，烧造苏打玻璃。书中还记述了烧造玻璃的有关配方和技术等问题。葛洪在《抱朴子》中还记述了外国水晶碗的配方和交广地区仿铸外国玻璃的情况。由此看来，广州出土的钾硅玻璃可能是受南海玻璃的影响烧造的。

甘肃酒泉汉墓出的蓝紫色玻璃耳当，透明，呈喇叭形，中心钻孔。经检验内含铅 21.62%、钡 10.5%、钠 9.3%、钙 3.16%，含硅量高达 50% 以上。这件出现在丝绸之路上的含钠的铅钠钡玻璃，想必是以我国中原地区固有的玻璃配方为基础，再参照西方钠玻璃的制作经验制成的。

从上述出土汉代玻璃的不同化学成分可知，我国汉代玻璃的生产主要分为三个地区。一是中原广大地区，主要沿袭周代，生产铅钠玻璃；二是河西走廊地区，生产以铅钠玻璃的传统配方兼用钠钙为溶剂的玻璃；三是以广州为中心的岭南地区，生产钾硅玻璃。

## 博山炉流行

西汉以后，青铜艺术进一步发展，青铜器上的塑造技艺之高超，纹样装饰刻画之精美、奇特，已臻于世界同类艺术的顶峰。西汉青铜器皿流行，博山炉是其中最具代表性的一种。

博山炉，流行于汉晋时期，西汉尤盛；又叫香熏、熏炉，炉体呈豆子形状，上面有盖，盖子高而尖，镂空成山形，以象征传说中的海中仙山"博山"，所以称作博山炉。博山炉盖上的山形重叠起伏，常常在山峦云气之间雕饰飞禽走兽。山间有孔，当香料在炉内燃烧时，烟气可从孔中散发出来，形成烟

错金博山炉。刘胜墓出土随葬珍品。炉体用黄金错出流畅生动的纹饰，炉盖及炉身上部铸出高低起伏的山峦多层，其间配有猎人和奔驰的动物，全器富丽堂皇，是不可多得的珍品。

西汉鼎形熏炉

西汉鎏金透雕虎纹熏炉

西汉鎏银骑兽人物博山炉

西汉鎏金透雕蟠龙熏炉。焚香熏炉。熏炉深腹透雕。器座作蟠龙形,三爪外伸着地,一爪压住龙尾。蟠龙张口咬住一柱,柱上承熏炉。炉顶立一朱雀,口沿饰两虎两羊,各具神态。腹和盖均饰云纹。整修容器另有一层内套,可容香料。盖作双层透雕,以散发香气。

雾缭绕，如同仙境的感觉。炉座是盘形，有的可以装水，用以帮助蒸香气，构造十分精巧。

根据历史记载，汉代的丁缓是制作博山炉的高手，他制作的九层博山香炉，镂以奇禽怪兽，都自然能动，体现了当时极为高超的雕刻艺术水平。随着工艺技术的提高，博山炉的外表有鎏金的，如1981年在陕西省兴平山县出土的西汉鎏金银竹节高柄铜熏炉，也有错金银的，比如在河北省满城县汉墓发现的一件错金博山炉，炉体饰以错金云气纹，造型庄重，线条优美。

博山炉的流行，体现了汉代高超的青铜器制作水平。汉代青铜器，已从单一的实用性向装饰性、艺术性方向发展。

# 茂陵陆续修建

茂陵是汉武帝刘彻陵墓，位于槐里县茂乡（今陕西省兴平县城东北）。西汉建元二年（前139）开始兴建，后元二年（前87）汉武帝下葬。茂陵是西汉帝陵中最大的一座。

汉武帝在位时间长（前140~前87），又当西汉全盛时期，因而茂陵规模

被称为"中国的金字塔"的汉武帝茂陵，位于西汉11座帝陵的最西端，是汉诸陵中规模最大帝王陵。

很大。秦始皇治骊山、设朝寝从而建立陵墓制度；汉承秦制，每帝即位后即开始建造陵墓，称寿寝，而且定有形制。"深十三丈，堂坛高三丈，坟高十二丈"，占地一顷。茂陵的布局、尺寸、规模与文献所载大体相符。坟丘底基为正方形，用夯土筑成，形状像巨大的覆斗，上小下大。坟外四面筑墙，每面墙正中间开一道门，四周的墙围成方形陵园，陵园东西长 430 米，南北宽 414 米，围墙厚约 6 米，坟丘每边长 260 米，高 46 米，宏伟壮观，墙门宽 15 米。墙门外各有双阙，每阙宽约 9 米，长约 38 米，据史籍记载，墓内明

汉茂陵。周围还有卫青、霍去病等名将、名臣的陪葬墓。

中（玄宫）高一丈七尺，四周二丈，四出羡道，藏各种珍宝及车马等生活用品。茂陵旁有功臣贵戚陪葬墓，称陪陵，武帝茂陵附近有李夫人墓、卫青墓、霍去病墓。茂陵反映了汉代初期陵墓建筑的特点，从陵墓的形制和构造来看，其特点完全是对皇帝生前现实生活轨迹的刻意模仿。

茂陵周围发掘出来的鎏金马、错金云纹铜犀尊、文字瓦当等许多珍贵文物，均具有重要历史价值。汉武帝时代茂陵的陆续修建，说明统治阶级生活的奢侈腐化，同时也体现了我国古代能工巧匠高超的建筑艺术，在中国陵园建筑史上写下光辉的一页，是优秀的文化遗产。

约 79B.C. ～ 71B.C.

# 西汉

**78B.C. 汉元凤三年**

经学家眭弘以《公羊》学理论附会灾异，上书请汉求贤禅让，以妖言惑众罪被杀。

**74B.C. 汉元平元年**

四月，昭帝死，霍光等迎昌邑王刘贺嗣位，立二十七日被废；又迎武帝曾孙病已，后更名询，嗣位，是为中宗孝宣皇帝。

**72B.C. 汉本始二年**

秋，以乌孙请救，大发关东轻车锐卒、选郡国吏三百石勇健者从军，遣五将军，率十六万人分道西进，以校尉持节护乌孙兵，共击匈奴。

**71B.C. 汉本始三年**

五月，攻匈奴军罢，五将军共俘斩七千余，乌孙兵俘斩匈奴名王都尉以下四万级，畜口七十余万头。常惠发乌孙兵七千、西域各国兵四万攻龟兹，索前杀汉校尉者斩之而还。

宣帝闻卫太子私善《春秋谷梁传》，丞相韦贤及夏侯胜亦建议兴《谷梁》学，约于是年或稍后召荣广弟子蔡千秋选郎十人从受《谷梁》。《谷梁》学逐渐崇兴。


**79B.C.**

罗马狄克推多苏拉因病自动退职。次年病死。

**73B.C.**

罗马奴隶斯巴达克领导奴隶起义。

**72B.C.**

罗马两执政官亲自指挥对斯巴达克起义军进攻，俱为所败。

**71B.C.**

罗马富人兼投机家克拉苏任指挥官，出击斯巴达克起义军。是年斯巴达克阵亡，革命队伍遂击溃。残部逃往意大利南部，继续对罗马军队进行斗争。

汉弃天下

## 傅介子诱杀楼兰王

西域楼兰（今新疆婼羌东北）王安归亲匈奴，屡次杀害汉朝使者。中郎将傅介子认为楼兰、龟兹两国反复无常，应诛杀其国王，以示惩戒；并向大将军霍光请缨，愿前往刺杀楼兰王。

元凤四年（前77）六月，霍光采纳了这个计策，派傅介子率士卒，携带大量金币，一路扬言要恩赐外国，来到楼兰。楼兰王安归贪图财物，前来迎见汉使。傅介子设

楼兰故地。楼兰是汉代西域的一个小王国，拥有14000多人口，作为丝绸之路上的重镇曾发挥过重要作用。

宴款待楼兰王，与他对饮。楼兰王渐渐酒醉。傅介子于是对楼兰王说：天子派我来私下告诉大王一些事情。楼兰王遂随傅介子进入密帐中。这时汉朝两名壮士乘机从后面刺杀楼兰王，斩下其首级。此事被告知楼兰贵臣。接着，汉朝把当时居住在汉朝的安归的弟弟、亲汉的尉屠耆送回国，立他为王，更改楼兰国名为鄯善；又答应尉屠耆的请求，派遣司马1人、吏士40人驻扎楼兰国伊循城，在那里垦荒种地，镇守安定楼兰国。

## 霍光立宣帝

元平元年（前74）四月，昭帝21岁时死去，无后嗣。大将军霍光秉承上官皇后的旨意下诏，迎接武帝孙昌邑王刘贺到长安。同年六月，刘贺即皇帝位。刘贺被拥立为天子后，日益骄横，荒淫迷乱，失帝王礼仪，不听大臣进谏。

于是霍光与大司农田延年、车骑将军张安世商谋，要废黜刘贺；后又召集丞相、御史、将军、列侯、中二千石、大夫、博士在未央宫会合，商议废黜昌邑王。众人都附和霍光的提议。霍光立即与群臣上报太后。太后下诏送刘贺回昌邑。刘贺由立至废，仅27天。

而刘贺带入朝的昌邑群臣，被指控不能辅佐君王，将皇帝引向歧途，有200余人被诛杀。

七月，前廷尉监丙吉上书霍光说：武帝有位曾孙叫病已，年纪十八九岁。通晓经术，聪明贤德，可立为皇帝。刘病已，字次卿，是戾太子刘据的孙子。出生数月时，适逢戾太子巫蛊事件，被关押于狱中，后遇大赦得以恢复皇族身份。于是霍光召集丞相以下百官议定此事，并上奏皇太后，请求立病已为皇帝，皇太后同意。病已便在霍光的引导下，入未央宫见太后，并被立为皇帝。这就是汉宣帝。

# 中国最早的数学著作《周髀算经》成书

西汉时期，约在公元前1世纪时，出现了一本有关天文学和数学的著作，名叫《周髀》。由于它最先记载许多高水平的数学成果，被后人当作数学经典，称为《周髀算经》。

在天文学方面，《周髀》主要阐述盖天说和四分历法。中国古代天文学按照提出的宇宙模式不同可分为三家学说，《周髀》是其中盖天说的代表。

在数学方面，《周髀》代表了当时的最高水平，记载了汉代最新数学成就，在许多领域具有创新。

先秦典籍中广泛出现的分数都

《周髀算经》卷首（宋刻本）

汉并天下

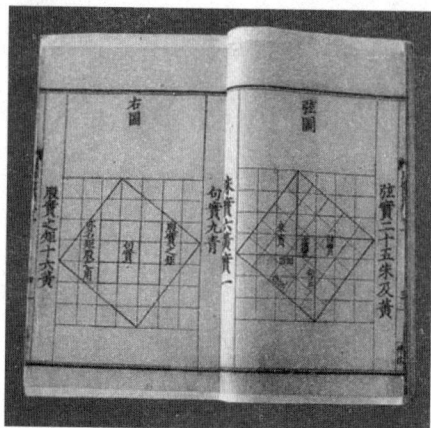

《周髀算经》（宋刻本）

较简单，《周髀》中则出现了许多复杂的分数运算，如在计算小岁、大岁、经岁、小月、大月等时用到一些复杂的运算；为推算木、金、土、火、水五大行星会合周期时也用到一种"通其率"算法，这对中国古代不定分析的发展产生了深远影响。

《周髀》中出现了严格的等差数列。卷上的"七衡图"是"盖天图"上以北极为心的七个等距同心圆，

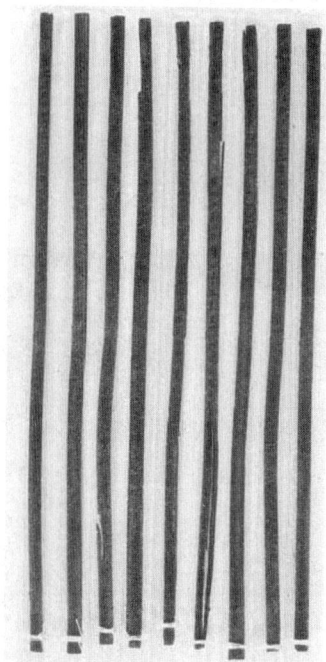

《算数书》（西汉）。记于竹简上的数学文献。

游球长盘。游珠算盘，由不固定游珠和算板组成，是珠算的雏形，是中国古代的计算工具之一。图为根据汉代徐岳撰写的《数术记遗》一书记载复制的游珠算盘。

由内而外分别称为"内一衡"、"次一衡"……"次七衡"，其衡间距、衡直径、周长都是等差数列。

《周髀》开篇记载了西周初年周公与商高的一次对话，商高认为数学原理出于方圆，并总结了使用矩的方法，还绘出圆周长的计算公式。规矩是用以验证图形是否规范的工具，后成为最基本的作图工具，方圆则是古代几何学的最基本图形，它们在很大程度上决定了中国古代几何学的性质、内容和方法，深刻地影响了整个传统数学。

《周髀》还率先提出了几何学上重要的勾股定理，并在测量太阳高远的方法中给出了勾股定理的一般公式。对几何学中其他图形的比例，《周髀》也进行了一些探讨，在推测日地距离时，虽然由于假设大地是平面而导致计算错误，但运用的原理是完全正确的。

重差术是盖天说中推求太阳高度的一种方法，《周髀》中出现了运用重差术绘出的日高图，但未详述方法，三国时赵爽、刘徽进一步研究，使之成为中国古代测望理论的核心内容。

另外，《周髀》还给出了平行线的做法，全过程即使按欧几里得几何的严格要求也是正确的。

《周髀算经》的作者不详。从它的成书时间来看，它并非一人一时之作，而是对先秦数学成就的总结，是集体智慧的结晶。《周髀算经》是中国流传至今的最早的数学著作，是后世数学的源头，其算术化倾向决定了中国数学的性质，被历代数学家奉为经典。

## 汉与乌孙共击匈奴·匈奴大衰

本始二年（前72）秋，匈奴多次侵扰汉边境，又西攻乌孙。乌孙王昆弥和解忧公主多次上书汉宣帝，表示愿意征发精兵5万骑抗击匈奴。汉答应乌孙的请求，派田广明、赵充国等5位将军率兵15万共同打击匈奴；又派校尉常惠持符节护乌孙兵进军。本始三年（前71）正月，汉五位将军领兵从长安出发。匈奴闻之大为惊恐，老人弱者驱赶着牲畜逃往远方。五月，5位将军凯旋，共俘斩匈奴3千余人。乌孙王昆弥亲自率领5万兵马和汉校尉常惠从西方攻入匈奴右谷蠡王宫庭，俘斩匈奴名王、都尉以下4万人，夺牲畜70余万头。匈奴民众伤亡及畜产因远移而死亡的不计其数，元气大伤。

汉弄天下

这年冬天，匈奴单于亲率数万骑兵进攻乌孙，挟掳乌孙老弱欲回国。适逢天下大雨雪，人、畜大半被冻死，生还的不到十分之一。这时，丁零、乌桓、乌孙乘势进攻，三国共杀匈奴数万人，俘获数万马匹和许多牛羊。匈奴又闹饥荒，十分之三的人民和十分之五的牲畜饿死。从此匈奴势力大大削弱，以前归附匈奴的各国也纷纷瓦解。后来汉朝又派3千余骑兵马分三路攻入匈奴，生俘数千人。经过这次战争，匈奴急于与汉和亲，边境渐趋安宁。

西汉甲胄武士俑

## 青铜兵器退出历史舞台

兵器制作工艺，体现一定时期科技发展的较高水平。汉代，由于冶铁业和锻钢技术被应用于兵器工业，延续2000多年的青铜兵器逐渐退出历史舞台，实现了青铜兵器向钢铁兵器的历史性转变，是我国冷兵器的一次革命。

早在新石器时代晚期，中国已出现了青铜器，甘肃东乡马家窑文化遗址出土的一把青铜小刀，距今已有5000多年，是这时期青铜兵器的实物例证。

铁具

十字形铁戟

铜弩机

铁矛头

到了商代，为了维持相当规模的军事力量，扩大了青铜兵器的生产，其作战性能也随之不断改善。经西周、春秋时期的不断发展，到战国中期，青铜兵器制作技术和产品质量达到了高峰，品种也十分繁多，包括战车的部件，进攻性兵器和防护用具。进攻性兵器有用于远射的弓箭，箭上装有青铜箭镞，格斗兵器如青铜戈、矛、钺、大刀等，护卫武器如短刀，短剑。

战国末年，铁制兵器出现并正式装备部队，由于钢铁兵器较青铜兵器锋利且有良好的韧性，适应骑兵和步兵新的战术需要，汉代以后，商周时期主要格斗兵器的青铜戈和青铜戟都从战场上逐渐消失了。

考古发掘的实物资料，为我们描绘出了一幅青铜兵器逐渐退出历史舞台，而被钢铁兵器所取代这一历史演进的完整画面。冷兵器中消耗量最大的是箭镞，在秦始皇兵马俑坑中，出土箭镞8400余枚，只有一枚为铁制，另有四枚铁铤铜镞，其余均是青铜镞，这说明秦代虽已出现铁制兵器，但军队装备仍以青铜兵器为主，1977年发掘的安徽阜阳双古汝阴侯墓，出土箭镞35枚，其中26枚为铁铤铜镞，9枚为铜镞，该墓主人死于汉文帝时期，因此，在西汉前期，青铜兵器仍占据主要地位。而在河北满城汉武帝年间中山靖王刘胜墓中出土的441枚箭镞中，仅70枚铜镞，其余均为钢铁镞，这一现象清楚地显示，由于汉武帝时期对冶铁业的垄断，冶铁工业已经飞跃发展，钢铁兵器的数量已大大增加，青铜兵器已经在军队装备中退居次要地位。到了西汉中晚期，它们就逐步被淘汰了。在洛阳金谷园和七里河等地发掘的西汉中期至末年的墓葬中，青铜兵器已十分少见，却有为数众多的铁剑、铁刀、铁戟等出土，这表明，西汉后期，铁制兵器品种已十分齐备，钢铁兵器已基本取代了青铜兵器，构成了军队装备的主体。东汉的出土兵器中，青铜兵器更为稀少，除弩机和箭镞外，已全部被钢铁制品所取代。

从上述情况可以清楚地看出，由于汉代冶铁业的迅速发展和工艺的日趋成熟，在西汉后期，钢铁兵器构成了军队装备的主体，中国的军事文明迈入了钢铁兵器的时代，实现了冷兵器的一次重要的革命，使用长达2000多年的青铜兵器从此退出了历史舞台。

# 中国竹简帛书达到高峰期

在春秋战国之际，由于政治、军事斗争的需要，学术下移，一度打破了"学在官府"的文化垄断局面，诸子争鸣，造成了当时图书文化的繁荣，各种著作大量涌现，西汉统一以后，鉴于先秦文籍在秦始皇"焚书坑儒"过程中遭到极大破坏，不少珍贵图书失传，重视文化重建的西汉统治者取消了图书禁令，民间私藏图书陆续出现，同时，他们还有意识地在全国广泛征集图书。汉武帝即位之初，就制订了一系列文化政策，设置了专门的机构和官员主持这一事务，经过近百年的积极努力，图书堆积如山，由于当时尚未发明可供书写的纸张，可资传播文化的媒体是竹简和帛，因而，在秦汉时期，中国竹简帛书达到了前所未有的高峰。

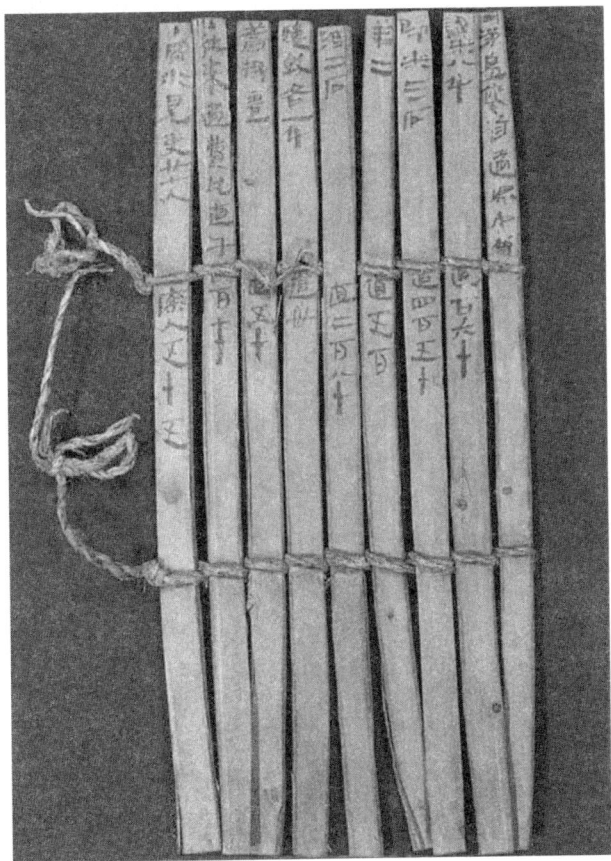

西汉竹简

据邵博所撰《邵氏闻见录》和黄伯思《东观余记》所载，早在宋代就分别在现甘肃和陕西出土过大批竹简帛书。19世纪末到20世纪初，瑞典人斯文赫定，英籍匈牙利人斯坦因等在我国边疆塔里木河下游古楼兰遗址，尼雅河下游古于阗遗址，敦煌西北外长城故垒等地发现并窃走了许多汉代或汉晋木简。20世纪30年代，在罗布淖尔西北和今甘肃额济纳河流域黑城附近，中国西北科学考察团获得了大批汉代木简，在后一地带竟多达1万多

帛书《老子》乙本及卷后古佚书

枚，是解放前出土古简最多的一次，因此地属汉代张掖郡居延县，所以被称为"居延汉简"。内容十分丰富，最具代表性的是一份由77根木简编连而成的东汉和帝永元年间的兵物簿。

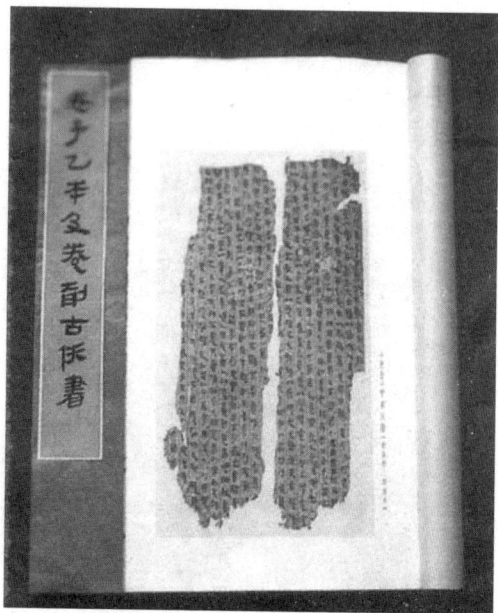

## "农商"本末之争持续不断

关于农业和工商业在国民经济中的地位和作用的本末之争起源于先秦，两汉时期达到高峰，其余绪一直延续至20世纪初叶。

先秦时期，为了富国强兵，确保国家有充裕的财政收入和为兼并战争提供所需物质及可靠兵源，统治者极力主张把发展农业放在经济工作的首位，因而抑制奢侈品的生产和商业的发展，认为工商业是导致国贫民困的根源，本末之争由此开始，商鞅变法是重农抑商的典型范例，韩非子的"农本工商末"形成了这一思想的完整概念，这一时期的思想家们并没有否定工商业的社会职能，其功能是社会发展不可或缺的，甚至与"农"、"官"同等重要，

劳动俑

汉代钱模子

是社会所必需的，只是不赞成其过度发展而侵占农业的利益并造成农业劳动力的转移，这一经济思想是先秦一代的基本国策。

　　西汉初年，统治者总结了秦亡的教训，认为秦始皇穷凶极欲的奢靡生活是导致秦帝国速亡的一个重要因素。他们认识到奢侈品的生产和消费，必然造成对自然经济的冲击。由于地主权贵追求鲜衣美食、珍宝玩好、娈童冶妾、歌儿舞女的奢靡生活，刺激了工商业的急剧发展，从事这些职业的人迅速增多，在城市工商业繁荣的同时，社会道德风尚也急剧下降。汉初的统治者们以身作则和反复劝导人民节俭，但效果并不明显。遵循儒法传统的知识分子对此更是焦虑不安，陆贾、贾谊、晁错等人都极力阐发其自然经济理论，强调粮食的重要性，认为粮食是帝王最重要的物质财富，政权存在的关键，为了保证农业生产的正

**023**

常发展，他们采取了一系列"重农抑商"的经济政策，以"贵粟"、"地著"为核心，一方面调整粮食与奢侈品如"金玉"的价格比例，以粮食作为赏罚的价值尺度，另一方面尽力使人民与土地不相脱离，从而抑制了工商业的发展和奢靡之风。

汉武帝时，董仲舒反对政府垄断工商业的官营，认为应允许人民从事工商业活动。桑弘羊的经济理论主张农商并重，但坚决维护国家对盐铁等重要物质经营权的垄断。

司马迁显然继承了儒家传统的本末观，但并没有把二者对立起来，认为农业和工商业可以相互促进。认为追求物质利益是人的本性，而且初步认识到商品"贵上极则反贱，贱下极则反贵"的价格变化规律。

汉昭帝始元六年（前81）二月召开的中国历史上绝无仅有的经济政策讨论会的核心虽是盐铁官营问题，却是当时本末之争的一场大辩论。以桑弘羊为首的御史派在肯定"本"的基础上强调工商业的重要性，却忽视了商品经济发展的负面影响。朱子伯等60余名贤良文学派看到了商品经济过度发展对农业的冲击，贫富分化的加剧和消费超过生产的危险性，却没有认清商品经济的发展是社会进化的必然产物和工商业对经济增长的促进作用。

在整个先秦、秦汉时期，"重本轻末"论是社会的支配思想，六朝时被进一步加强，晋代甚至颁布了对商人的侮辱性法令，表明轻商观念还在进一步强化，唐宋元三朝，城市工商业迅速发展，他们维系着城市的繁荣，市民意识逐步增加，传统的抑商观点被反复挑战，元代已将重视商人作用的观点用于指导对外贸易。明代，工商业更成了人们安身立命的正常职业而受到重视，为其辨护的人日益增多。明中叶以后，随着工商业的发展，孕育、产生了资本主义生产关系的萌芽，黄宗羲等提出了"工商皆本"的新命题，清代的沈垚更将商贾称作"豪杰"。此后，为了促进资本主义工商业的发展，重商、重工思想愈来愈受到重视，康有为还把国家工业化确定为奋斗目标，但直至19世纪末，还有人坚持抑末思想，本末之争仍然存在，但它已无法容纳资产阶级经济主张的许多内容，这种说法才不得不被抛弃，转而使用近代的表达方式和术语，持续二千多年的本末之争才告结束。

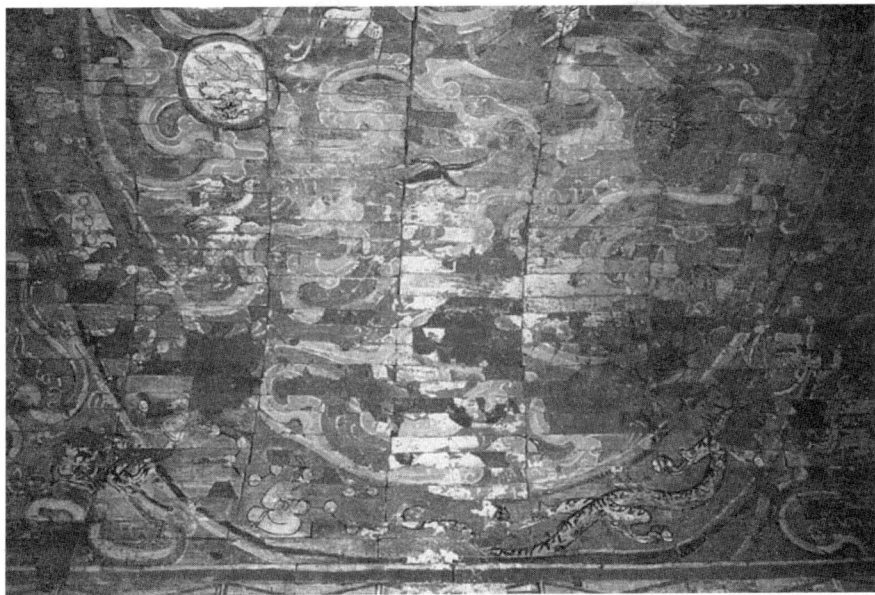

西汉天象图（部分）。此为汉墓墓顶的画面。大圆圈内绕着二十八宿和与四神相配的星图。星座用白色平涂、黑线勾圈，星与星之间用黑色直线上连。圆环中部，南边绘太阳，北边绘月亮，其余部分满绘着流动圆转的云纹和姿态各异的仙鹤。此类较完备的天象图在国内尚属首次发现。色彩斑斓，使用了石青、石绿、朱砂、白、黑、雪青等几种颜色，用笔流畅潇洒，技法娴熟。

## "盖天说"出现

西汉时期，以成书于公元前1世纪的《周髀算经》为代表，出现了较完整的、成体系的"盖天说"。

盖天说认为天像圆形的斗笠，地像扣着的大盘子，都是中间高而四周低的拱形，北极是天的最高点，天地之间距离八万里，天穹上的日月交替出没，大地上就有了昼夜。据《晋书·天文志》载，即是："其言天似盖笠，地法覆槃，天地各中高外下。北极之下为天地之中，其地最高，而滂沱四隤，三光隐映，以为昼夜……天地隆高相从，日去地恒八万里。"为说明日月星辰的出现原理，东汉学者王充曾以火光作例进行解释："今试使一人把大炬火，夜行于平地，去人十里，火光灭矣；非灭也，远使然耳。今，日西转不复见，是火灭之类也。"即认为，日月星辰的出没，只是离远就看不见，转近就看见它们照耀，并非真的忽生忽灭。

盖天说还力图说明太阳的运行轨道，定量地表述盖天说的宇宙体系。《晋书·天文志》载："天中高于外衡冬至日之所在六万里。北极下地高于外衡下地亦六万里，外衡高于北极下地二万里。"汉赵爽注《周髀算经》载有七衡六间图，图中有七个同心圆。每年冬至，太阳处于最外圈，即"外衡"；出于东南没于西南，正午时地平高度最低；夏至时，太阳在最内圈运行，出于正东没于正西，正午时地平高度最高；春秋分时，太阳位于中间圈，出于正东没于正西，正午时地平高度适中。各个不同节令太阳都沿不同的"衡"运动。

这与较早传说的"天圆如张盖，地方如棋局"的天圆地方说相比，有一定的进步，已经形成一个完整的、定量化的体系。虽然随着天文学的发展，这种不符合实际的理论越来越为观测的事实所否定，但它从古人质朴的直观性出发，力图说明天体视运动现象，具有珍贵的历史意义。

## 弩的改进

弩在汉代成为比弓更重要的远射兵器，得到人们的高度重视。弩是在弓的基础上发展起来的一种利用机械力量射箭的兵器。它射程远，杀伤力强，命中率高，是古代冷兵器中威力比较强大的一种。

弩的构造比弓复杂，其关键部件是弩机。弩机铜郭内的机体有"望山"（瞄准部件）、"悬刀"（扳机部件）、钩心和两个将各部件组合而成的键。发射时，把悬刀一拔，牙就缩下，牙所钩住的弦就弹去，这样箭镞被发射出去。弩因张弦的方法不同，分为臂张、蹶张和腰引弩几种。其中东汉时出现的腰引弩，见于山东省济宁武氏祠画像石中。

弩的发明不晚于商周时期，其真正使用于战争，则始于春秋晚期，到战国时期，弩已成为重要的远射兵器。汉代的弩有了很大改进。弩兵是汉军克敌制胜的重要力量，汉军将领中有不少即是射弩能手，名将李广于前121年与匈奴作战时，在众寡悬殊的情况下，以大黄弩射杀对方将领而扭转败局。

汉代的弩有许多种。依弩的操作方式和强度的不同，分为脚踏开弩和手张弩两种。脚踏开弩，时称"蹶张"，开弩人用双足蹬开弩，然后把衔在口中的箭按在弩上。这种强弩多用于装备步兵。用手张弩，时称"臂张"或"擘张"，其强度不如蹶张，但较为灵便，多装备于骑兵。

汉代已经出现了铁制弩机，但多数仍是青铜制成。与战国末期的铜弩相比，汉弩的最大特点是出现了带刻度的"望山"，其作用类似于近代步枪的表尺，射手通过望山控制镞端的高度，调整发射的角度，以便更准确地瞄准目标。

弩的发射比较麻烦，而射手很难同时兼用其他兵器，所以他们往往被编成数组，轮番连续发射。汉代可以算是弩的发展顶点，至南北朝它即趋衰落，火器的出现更使弩逐渐被淘汰掉。

## 《尚书》夏侯学传世

夏侯始昌，鲁（今山东曲阜）人，通五经，对《尚书》、《齐诗》有专门研究，在汉武帝时就很知名，曾任过昌邑王太傅。始昌的族子夏侯胜，得到始昌的悉心传授，后又师从倪宽弟子简卿学习《尚书》欧阳学，为学精益求精，不固守一师之说。夏侯胜在昭帝时历任博士、光禄大夫，曾参与废黜昌邑王事件，后迁升为长信少府。宣帝初年，因为非议武帝，夏侯胜与丞相长史黄霸一起下狱，在狱中他给黄霸传授《尚书》。后遇赦出狱，任谏大夫。他为人质朴正直，得到宣帝信任，迁升为太子太傅，受诏撰写《尚书说》、《论语说》。后世把夏侯始昌称为大夏侯，夏侯胜称为小夏侯，把他们创立的今文尚书学称为"《尚书》夏侯学"。《尚书》夏侯学与欧阳学同为伏胜别派，以阴阳灾异推论时政得失。

话说 中华文明

# 西汉

汉并天下

68B.C. 汉地节二年

霍光死。

67B.C. 汉地节三年

郑吉发西域诸国兵万余人、屯田士千五百人，破车师，其王奔匈奴；吉使吏卒屯田车师。

66B.C. 汉地节四年

七月，霍氏谋反，族诛。

65B.C. 汉宣帝元康元年

龟兹（今新疆库车一带）王绛宾及其夫人乌孙公主弟史至长安。

莎车（今新疆莎车一带）呼屠徵杀王自立，攻掠"丝绸之路"南道，鄯善以西皆绝。

64B.C. 汉元康二年

以乌孙将迎聘汉公主，宣帝命在上林苑置官属侍御百余人，令习乌孙语言。此为由政府主持的民族语言学习机构的最早记载。

61B.C. 汉神爵元年

四月，义渠安国杀先零羌豪三十余人，又击杀其种人千余，于是诸羌奋起，合兵反抗，驱逐安国。发三辅、中都官徒及应募佽飞射士、羽林孤儿、胡骑、越骑、三河等五郡材官、金城等六郡骑士，遣赵充国等三将军分将之以击西羌，斩获万余人，获畜口十余万头，降者数万。


66B.C.

罗马授权庞培为罗马属亚细亚领土司令，败米特拉达悌。

65B.C.

罗马将军庞培续败米特拉达悌，在小亚细亚成立四个行省。

诗人贺拉斯生（前65～公元8）。

62B.C.

佛罗伦萨历史区出现

64B.C.

将军庞培攻克耶路撒冷，将犹太并入叙利亚。

罗马政治领袖恺撒、庞培、克拉苏之间，缔结秘密同盟，企图共同把持罗马政治，号"三头同盟"，亦称前三雄。

恺撒在西班牙战胜，初露头角。

卢克莱修作《物性论》。

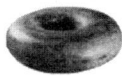

# 霍光病死·霍氏灭族

地节二年（前68）春，大司马、大将军霍光病重，宣帝亲临问候，为之痛哭。当日，宣帝拜霍光子霍禹为右将军。三月，霍光病死，宣帝及皇太后亲自为其吊丧，谥曰宣成侯。

武帝、昭帝、宣帝时期，霍氏家族的势力日益扩大，其远近亲戚根深蒂固地盘据于朝廷。前71年（本始3年），霍光妻霍显为使其幼女成君立为皇后，使人毒杀许皇后，多亏霍光遮掩，才侥幸过关。霍光死后，霍禹袭父爵为博陆侯，霍光侄孙霍山为乐平侯，以奉车都尉领尚书事。次年，霍光侄孙霍云又封冠阳侯。霍氏子弟权重势大，更加骄奢无度。他们大兴土木，修建豪华的住宅，经常托病不朝，到处寻欢作乐。霍光夫人霍显及其诸女，昼夜随便进入长信宫。霍氏骄横不法，激起宣帝不满。霍光死后不久，宣帝以张安世为大司马大将军，又立许皇后生的刘奭为太子，封许皇后之父许广汉为平恩侯，御史大夫魏相为丞相。霍显闻知刘奭为太子，非常生气，急入宫与霍皇后密谋毒杀太子。与此同时，霍显谋害许皇后事发，宣帝开始有计划削弱、限制霍氏势力，地节

霍光像

四年（前66）七月，霍氏因权势被削夺，心怀怨恨，密议谋反，欲废宣帝立霍禹。结果阴谋败露，霍云、霍山自杀，霍禹腰斩，霍显及其姊妹皆弃市，与霍氏相连坐诛灭者数十家。霍皇后被废，幽禁昭台宫，12年后自杀。富贵极臻的霍氏家族覆灭了。

西汉玉熊

## 始置西域都护

地节二年（前68），汉宣帝因侍郎郑吉在渠犁屯兵垦荒，与匈奴争车师有功，升迁他为卫司马，委派他护鄯善以西"南道"诸国。神爵二年（前60），匈奴日逐王率领部属投降汉朝，郑吉派渠犁、龟兹诸国五万人迎接。车师以西"北道"亦通，郑吉兼护"北道"诸国。郑吉因破车师、降日逐，威震西域，

库车（龟兹）故城，丝绸之路北道重镇。

总领南北两道，故被任命为都护。汉朝由此开始设置"都护"这一官职。郑吉设西域都护府于乌垒城（今新疆轮台东北），督察乌孙、康居等 36 国，贯彻执行汉朝的号令。

汉代开始设西域都护府，对加强西域与内地的政治、经济、文化联系，削弱匈奴对西域各国的控制皆起到很大作用。

## 束综提花机发明应用

《西京杂记》卷 1 记载，汉宣帝（前 69）时，河北巨鹿人（今河北平乡西南）陈宝光的妻子曾用 120 综、120 蹑（用竹或金属制成的用以夹挟综束以便提举的装置）的提花机织出精美的蒲桃锦和散花绫，一匹费时 60 日，值万钱。1971 年长沙马王堆汉墓出土的西汉初年的绒圈锦，其总经线数为 8800 至 11200 根，组织结构相当复杂，可分析出当时织造工艺上已经使用分组的提花束综装置。

从东汉王逸《机妇赋》的描述等资料来看，束综提花机由经轴、布轴、豁丝木、花楼、衢线、衢脚、提综马头和打纬机件构成；由汉绒圈锦的分析可知，束综提花机上已经使用了双经轴装置。

商绮周锦其花纹多是对称的几何型花纹，循环较小，可用多综多蹑织机生产出来；但多综多蹑机上的综片数毕竟有限，战国秦汉之际发明的束综提花机则为生产那些花纹循环较大，花纹图案较为复杂的织品提供了方便。由片综提花发展为束综提花，是一次大的飞跃，它提高了花机工作能力，为花纹大型化、艺术化开辟了广阔道路。

## 纺车和织机出现

西汉是我国古代纺织技术发展的一个高峰期，纺车和织机的出现，使丝、麻、毛、棉纺织都达到了较高水平。

原始的手摇纺车在商周已经出现，但当时的主要纺纱工具仍是纺坠。秦

话说中华文明

汉并天下

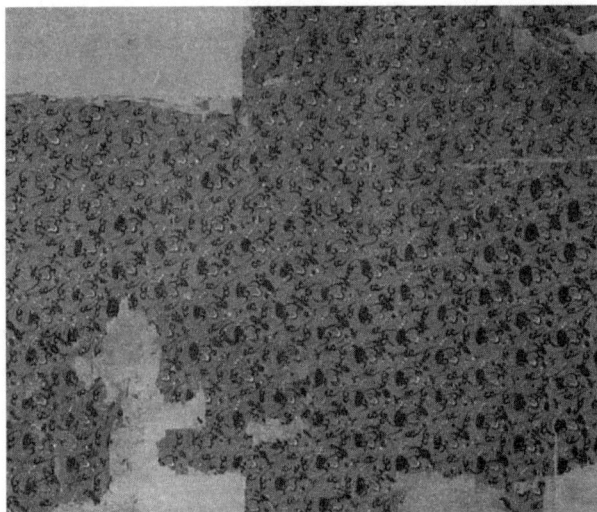

西汉黄地印花数彩纱

汉时，手摇纺车普及开来，并发明了脚踏纺车。纺车在汉代又称作车壬。《说文解字》中说："轩，纺车也。"今天可从出土的汉代画像砖上看到当时纺车的具体形态。山东临沂金省山出土的西汉帛画上也有一幅真切的纺车

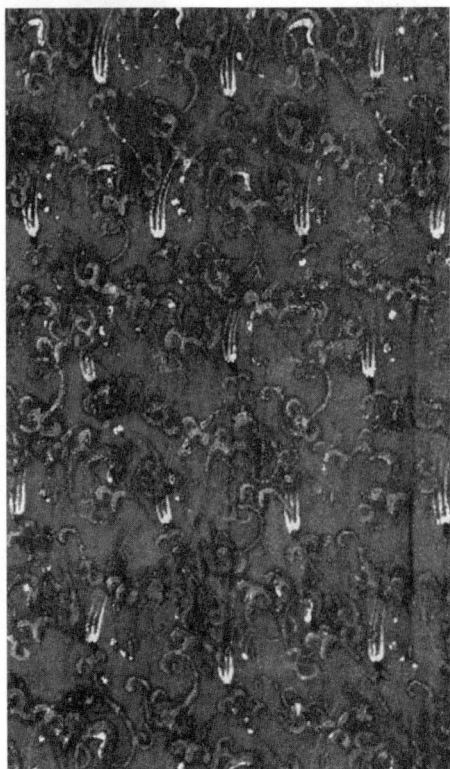

西汉绛地印花数彩纱

图，图上纺车是用来合并、加捻丝缕的。纺车的生产能力比纺坠高出15～20倍，还可根据织物性质决定丝麻缕捻度的高低，这是纺坠无法做到的。纺车的发明和推广使丝麻产品的产量和质量大大提高。

汉代在先秦纺织技术基础上迅速发展，出现了各种不同功能的织机，主要有斜织机、多综多蹑花织机、束综提花机、罗织机、立织机等。

斜织机出现于战国时期，秦汉便推广开来。与踞织机比较具有织物不易受尘土污染，织工易于随时观察织物状况，劳动强度低等优点，是纺织工艺的一大发展。欧洲6世纪才出现此类工艺，13世纪才广

泛使用。

斜织机只能织出平纹织物，为满足社会需要，人们又发明了多踪多蹑提花机，汉代，这种机械已十分复杂，可织出对称、循环的复杂图案。而对一些大型的花卉、动物图案，多踪多蹑提花机就难以胜任了，

云南晋宁出土的汉代青铜腰机模型

大约在战国秦汉之际，发明了束综提花机。由片综提花到束综提花，是提花工艺一次大的飞跃，它提高了花机的工作能力，为花纹大型化、复杂化开辟了广阔道路。

罗是我国古代非常古老的织物之一。秦汉时罗织机出现，生产出美观的四经绞素罗和菱纹罗。立织机也是织机的一种，它的经纱面与地面垂直，主要用于织造地毯、绒毯等毛织物。

由于多种织机的使用和整个纺织技术的提高，汉代生产出了许多纱、縠、罗、绮、绫、锦等色泽鲜艳、图纹华茂的织物，不但满足国内社会的大量需要，而且流向世界各地，推动了国外纺织技术的发展。

# 《盐铁论》编成

汉宣帝初年，桓宽把昭帝始元六年（前81）盐铁会议所留下的会议记录，整理编排写成《盐铁论》。

桓宽，字次君，汝南人，也就是今河南上蔡西南人，研究过《公羊春秋》，

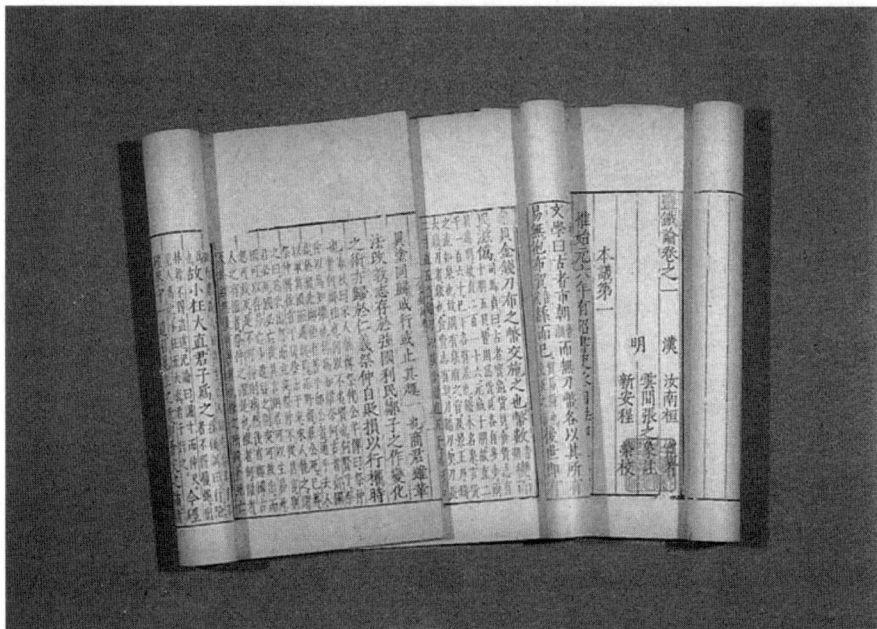

《盐铁论》。反映当时社会状况、经济思想等的珍贵资料。

西汉铁官作坊产品标志

博古通今，而且擅长文字功夫。宣帝时曾任官职为庐江太守丞。

在昭帝始元六年（前81）召开盐铁会议时，与会大臣因意见不同而分为两派，以贤良文学唐生、万生为一方，以御史大夫桑弘羊为另一方，双方围绕是否应该实行盐、铁、酒官卖政策问题而展开激烈辩论。贤良文学认为，用严厉的政策不如用德政感化，争夺盐铁官卖的利处不如劝导人民专心农业生产，桑弘羊则持相反意见。这次会议留下了会议记录，到了汉宣帝初年的时候，桓宽就根据所留下的会议记录，进行整理、编集，成书《盐铁论》。此书一共分成六十篇，每篇都有标题，其中前五十九篇是用来客观介绍辩论双方的意见，最后一篇《杂论》就用来说明桓宽自己编书的起缘和对这场辩论的看法。

全书前后联成一气，采用对话的形式，以生动的语言真实反映了当时会上对立双方的辩论情形，全面系统地阐述了儒家的经济思想，忠实完整地保留了桑弘羊的思想和言论，成为研究中国古代经济思想史尤其是西汉经济思想史的一部重要著作。

# 郑吉还屯渠犁

元康二年（前64）五月，匈奴攻击汉朝在车师的屯田吏卒。郑吉率领在渠犁（今新疆轮台东）的屯田士卒7000余人前往援救，被匈奴包围，退守在车师城中。郑吉派几名精兵杀出重围，迅速奏报朝廷，请求皇帝增派援兵。宣帝召集大臣商议。将军赵充国主张发大军进攻匈奴右地，逼使匈奴主力回救，以解车师之围。丞相魏相认为，现在国内年成不好，官吏不称其职，灾难不在国外而在国内。宣帝听从魏相意见，暂不与匈奴作战，只派常惠率领张掖和酒泉的骑兵前往车师，保护郑吉所部和在车师的汉人转移到渠犁去，立前车师王的太子为国王，进行固守，车师国故地暂予放弃。

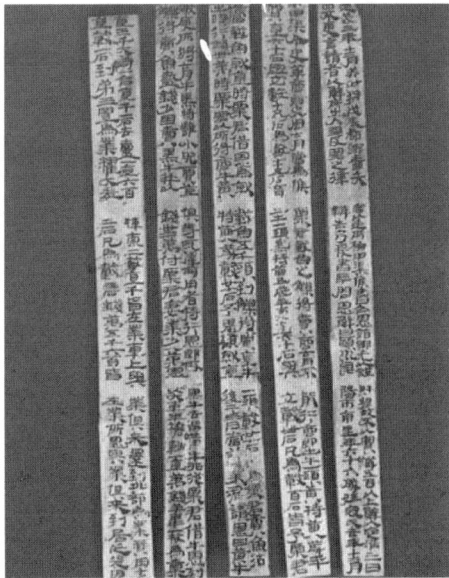

居延汉简。汉武帝派驻军在西域屯田，为典型的军屯。图为内蒙古额济纳旗出土的居延汉简，是汉代屯田戍边的档案。

## 张敞画眉

　　神爵元年（前61）宣帝征胶东相张敞为京兆尹。当时京师治安松弛，偷盗案件常发生。宣帝以此事询问张敞，张敞认为可以制止。他到任后，先访察、查明盗首情况，然后将他们召来审讯责问，许以立功赎罪。结果案情很快被查清和处理，京师治安大为好转。为此受到宣帝嘉奖。张敞为人机智聪明，办事赏罚分明。遇朝廷议论政事，总是引经据典，处置恰当，为公卿大臣所佩服，宣帝也多次听其意见。但张敞风度随和，没有威仪，又常给妻子画眉，因此受到有司劾奏。宣帝爱其才能，不加追究。然而张敞却也始终得不到高迁。

## 赵充国击西羌

　　神爵元年（前61）义渠安国来到羌中，召先零羌豪30余人，以不顺从汉朝之罪将他们斩杀。又纵兵击杀其种人1000余人。于是先零羌侯杨玉率诸羌叛乱，攻城邑，杀长吏；义渠安国为羌人所击，丢失大量车马兵器。汉遣后将军赵充国率兵迎击，六月，到达金城（今甘肃兰州西北）。赵充国用兵持重，行军常派兵侦察敌情，行必为战备，止必坚营壁，爱惜士卒，先计而后战。赵充国率兵至金城后持重不战，欲以分化瓦解诸羌。当时酒泉太守辛武贤上书宣帝，建议出兵张掖、酒泉，合击䍐、幵（皆西羌种）。宣帝交公卿议论，公卿以为：先零兵盛而恃䍐、幵之助，不先破䍐、幵，则先零不可图。于是，宣帝拜许延寿为强弩将军、辛武贤为破羌将军，率兵击䍐羌。又令赵充国引兵并进。赵充国上书分析形势，认为先去䍐羌，先零必助之。现在羌人马肥粮足，击之恐不能取胜，反使先零得施德于䍐羌，促使他们更坚其约，合其党，兵力更加强大。这样，要攻灭他们，必然旷日持久，事倍功半。所以建议先击先零，则䍐、幵之属可不烦兵而服。宣帝以为善，于是赵充国率兵进至先零

石头城遗址。帕米尔高原上出现的最早国家，大约是公元二至三世纪建立的褐盘陀国。

驻地，先零羌人见汉军至，仓皇出逃。赴水溺死者数百，投降及被斩杀者 500 余人。汉军获得马、牛、羊十万余头，车 4000 余辆。先零已破，罕羌豪靡忘派使者表示，愿得还复故地，后又亲自来归。于是，罕、䍐竟不烦兵而下。

## 纺织技术达到前所未有的高峰

中国的纺织业历史悠久，技术先进，两汉时期是纺织技术发展的一个高峰期，丝、麻、毛纺织技术都已达到较高水平，边远地区的棉纺也有所发展，缫车、纺车、络丝工具，以及脚踏斜织机都已广泛使用，多综多蹑织机在实践中日臻完善，束综提花机已经产生，染色技术进一步发展，发明了多色套版印花和蜡印工艺。"薄如蝉翼"的素纱可与今天的尼龙纱相媲美；精练后的蚕丝重量能减轻 25%，质地柔软，雪亮光泽，竟与现代用科学方法计算出的丝胶占总量的 1/4 的数量相吻合；平纹的绢，其经线密度达每厘米 164 根，

**037**

汉树叶纹缂毛坐垫

满城中山靖王墓出土的，经纬密度达 200×90 根／厘米²，还有精美的锦，瑰丽的刺绣，都名冠当世。

西汉时原料加工技术发展迅速。当时的原料主要有蚕丝、葛、麻、毛、棉等。蚕丝主要产自黄河中下游的山东、河南、四川等地，出现了临淄、襄邑、任城等著名的蚕业中心，两汉时养蚕的工具

西汉素纱禅衣

西汉绛紫绢裙。用宽一幅的绢四片缝成，四片均上窄下宽。居中两片宽度相同，稍窄。上部另加裙腰。两端延长为裙带。

槌、木寺、箔、笼等已大致配套，许多基本工具和操作程序一直延用到近现代。在处理蚕茧上，可能已采用阴摊降温法来拖延蚕蛹化蛾时间，或用日晒法将蛹杀死，既减轻缫丝的紧张程度，又有利于提高生丝的质量。

汉代广泛使用的葛、麻类纤维脱胶法有两种：一是生物脱胶法，利用自然气温来加速微生物繁殖以提高脱胶的速度和质量。二是化学脱胶法，利用石灰水一类的物质同胶质进行化学反应达到脱胶的效果。江陵 167 号墓出土的苎麻絮，经用金属光谱分析，发现其纤维表面附有大量的钙离子和镁离子，与现在实验的结果极为相似。加工所得的葛、麻类纤维细如毫丝，极有韧度，但已很少用于衣着。

汉代制毯和纺织用的毛纤维主要是羊毛，精密稀疏程度几乎与丝织罗相仿。产棉区从边境地区拓展到东南、南部沿海、新疆和云南一带。产棉区的拓展说明了长期使用于边境地区的棉纺技术得到了发展和推广。

缫纺技术进一步推广。热水煮茧缫丝工艺广泛使用，手摇缫车已相当完善，既具有横动导丝机构，使绕上去的丝能依层次形成"交叉卷绕"，又具备脱绞机构，使丝绞容易从车上卸下。手摇纺车早已普及，并发明了脚踏纺车，

**039**

具体形态，可在滕县龙阳店、宏道院，江苏铜山等地出土或收藏的汉画像石上以及山东临沂银雀山西汉墓出土的帛画上看到。纺车的生产能力一般要比商周时出现的纺坠高出 15～20 倍以上，能大大提高丝麻等产品的产量，而且能依据织物的性质，决定丝麻缕捻度的高低，提高质量。脚踏纺车在脚踏织机和手摇纺车的基础上发明出来，是汉代纺织技术的一大成就。它不但将右手从单纯卷绕的劳动中解放出来，与左手共同从事纺纱或并线，而且卷轮的牵引力也得到了提高。这些对于纺絮成缕的工艺非常重要。纺车的发明和推广使丝麻产品的产量和质量大大增加。

汉弄天下

织造技术得到提高。由于两汉时斜织机、多综多蹑花织机、束综提花机以及罗织机、立织机等多种织机的使用，织造技术上除继承先秦出现的平纹、斜纹、绞经、经二重、纬二重、双层、提花等织物组织和品种外，还较多地运用了"联合组织"，生产出了纱、縠、罗、绮、绫、锦等色泽艳丽，图纹华茂的织品。其中，多综多蹑花织机的发展和束综提花机的发明是织造技术的一次大飞跃，提高了花机的工作能力，开辟了花纹大型化、艺术化的道路。不仅满足了社会的需求，而且随着丝绸之路的畅通，陆续传到世界各地，斜织机、平织机的工艺原理在欧洲是 6 世纪才出现，13 世纪才广泛使用的。

西汉初年，巨鹿人陈宝光的妻子创制了一种新的提花机，用 120 蹑 60 天能织成一匹散花绫，"匹值万钱"。此后又有人把它简化成"五十综者五十蹑"或"六十综者六十蹑"，使片综提花机发展为束综提花，是一次大的飞跃。

此时的罗织机已能织出四经绞素罗和以四经绞罗为地，两经绞起花的菱纹罗；主要用于织造地毯、

人首马身纹裤。汉墓中出土，已残，只剩一条裤腿。中国丝织品中的珍品。

西汉菱花纹贴毛锦

绒毯等类毛织物的立织机能织出新疆民丰尼雅东汉遗址出土的那种毛织彩色地毯，其表面用橙黄、朱红、翠绿等色起绒，花纹历历在目。

梭和筘分别是引纬和打纬的重要工具，它们的普遍使用，使得织造过程形成脚踏提综开口，一手投梭，一手持筘打纬的完整体系，这种织机一直沿用到近现代。

染印技术广泛使用。西汉时期，练、染、印工艺都有了进一步发展。漂练丝帛时，用草木灰沤练工艺和砧杵捣练的方法相结合，提高了丝帛脱胶效果并缩短了脱胶时间；染色有茜草（红色）、靛蓝（蓝色）、荩草（用铜盐剂媒染得绿色）、皂斗（黑色）、栀子（黄色）、红花（红色）等植物性的染料，还有丹砂（红色）、墨黑及金银粉等矿物性的颜料；染色法有直接浸染和媒染剂多次浸染等。还发展了套色型版印花技术和发明了蜡染工艺。前者使色浆细腻醇厚，复选出多层次的纹饰，后者先用"蜡刀"蘸取蜡液在预先平整光洁的织物上描绘出各式图样，并使其干燥，投入染色液中染，最后用沸水去蜡，可得到图案精巧细致的蜡染织物。

# 汉代纺织品种更为丰富

西汉印花数彩黄纱锦袍

西汉绣手套

　　汉代纺织业在我国数千年纺织手工业的基础上繁荣发展，其重要标志是纺织品的质量提高、品种更为丰富。丝、毛、麻、棉织品在汉代都得到发展。

　　汉代纺织生产以丝绸最为重要，品种也最繁多，从出土的织物来看，锦、绮、

西汉秋香色地菱形隐纹花叶纹经锦枕

西汉秋香色地菱形隐纹花叶纹经锦枕

西汉青丝履

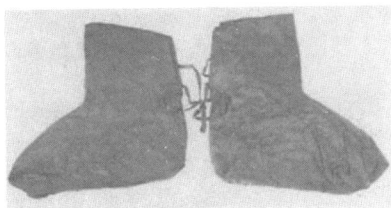

西汉素绢夹袜

绫、縠、绡、罗几种丝织品的生产在汉代都达到很高水平。绒圈锦是一种以大小绒圈在织物表面形成浮雕状凸起各种花纹的丝织物，它的生产比较复杂，需用双经轴的织机来织。绒圈锦也是后世绒织物的前身，绒圈剪开就相当于提花丝绒。汉代的绒圈锦非常著名，长沙马王堆一号西汉墓曾出土绒圈锦。甘肃、湖北江陵和蒙古人民共和国境内的汉墓中发现汉代的另一种锦——起绒锦。绮是平纹地起斜纹花的提花织物，在汉代同锦一样为高级织物。花纹有杯纹、棋纹、几何纹、几何填花纹几种。马王堆出土的织物有汉杯纹绮、几何填花对鸟纹绮。新疆阿斯塔那地区也发现了汉菱格龙凤云纹绮、几何填花对兽对鸟纹绮等。绫是斜纹地起斜纹花的织物，汉代已开始生产，现已出土的绫多是南宋时期的产品，縠是为了强捻丝织造的薄形织物，织后煮练定形，使织物表面呈现凹凸绉纹，马王堆汉墓出土一件浅绛色绉纱，织造精良，

东汉"延年益寿大宜子孙"锦袜

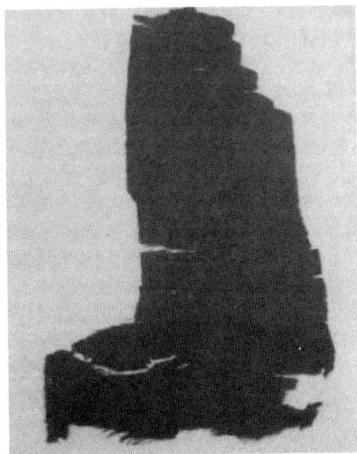

西汉绛地红花鹿纹锦

西汉绣褐罗绮绵袍

表明汉代縠生产技术已比较成熟。绡是生丝织物，汉人也用来制衣。罗是用纠织法以地经纱与纬纱交织而成的椒形孔隙的丝织物。汉代罗织物比较普遍，长沙马王堆、江陵凤凰山、山西阳高以及古丝绸之路经过的地方均有汉罗出土，比较精美的数马王堆西汉墓发现的烟色和朱红色菱纹罗、杯纹罗以及皂色几何纹罗。汉代的毛织品除毛布等粗毛织品外，还发展出富于装饰性的精美织物，品种齐全，有缂毛、花罽、毛毯、

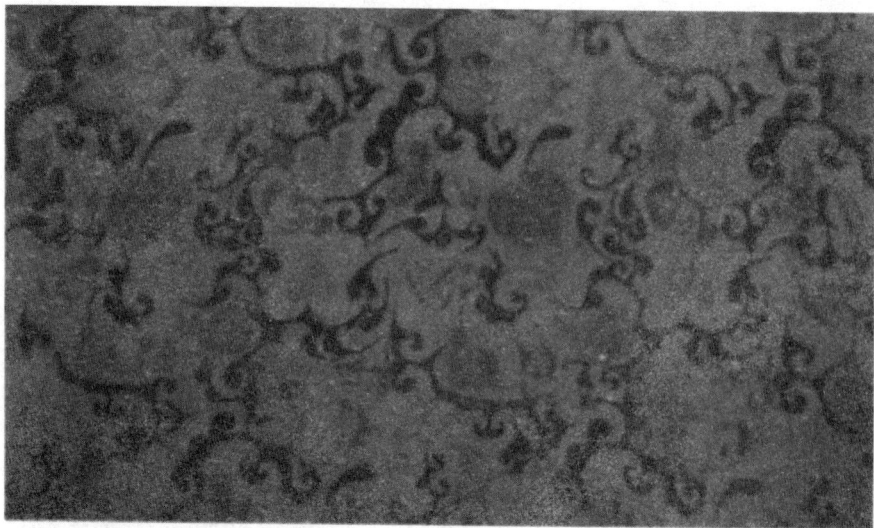

西汉乘云绣黄色对鸟菱纹绮

毛毡等。缂毛是用通经断纬的缂织方法织出花纹的装饰毛织物。新疆和阗地区发现的汉代人首马身缂毛和树叶纹缂毛，色彩鲜艳如新。花罽是著名的织花细毛织物，新疆民丰东汉墓曾出土不少花罽实物残片。同墓还发现汉代毛毯残片。汉代制毡技术在河北、山东、西北等地都很发达。当时还有用彩色丝线绣花毡的，如蒙古人民共和国诺音乌拉山汉代匈奴王族墓群曾出土用辫子股绣法绣成龙纹、玉佩纹、鱼鳖花草纹、斗兽纹等精美图案的毡毯。

麻布是我国古代大众的衣料，麻织品生产规模较大。汉代以苎麻为主要原料生产粗、细不等的苎麻布。马王堆一号西汉墓曾出土可与丝绸媲美的苎麻布。此外，台（大麻）织品和耿（苘麻）织品在汉代也广泛使用。汉代，新疆、云南、广西、广东等地已生产棉织品，新疆民丰东汉墓出土蓝白花蜡染棉布。

我国纺织手工业在两汉时期得到全面发展，生产体制比较完备，工具比较先进，印染技术相当发达，所产的纺织品色泽艳丽，品种繁多，除满足国内市场需求外，还远销西亚，开辟了"丝绸之路"，海陆方面与日本、东南亚、阿拉伯诸国交往，把精美的中国纺织品传播到欧洲。

# 佛教寺庙壁画进入新疆

西汉早期，佛教已开始从印度输入西域（今新疆境内）的一些地区，正是经由这里，它才得以传入中国内地的。随着佛教的传播，佛教寺庙开始修建，寺庙壁画也进入了新疆。

新疆的许多地区，已发现过一些汉代的寺庙遗址和遗存物。印度佛教首先传入古大月氏国。考古发现的寺庙遗址证明了这一点。新疆若羌县在汉代，属于鄯善伊循地区，这里土地肥沃，是汉时屯田之所。公元3至4世纪时，已是一个佛教盛行的小国。在国王带头崇佛的情况下，几乎把国家的财力物力都用在佛寺的营建上。从伊循地区残存的壁画，可以想见当时佛寺庄严宏伟的盛况。在这一代发现了几处古寺遗址，其中有一座方形寺院，中存有壁画，这座寺院，中部为直径335厘米的圆形刹心，四周是环形通道，南边通道内壁绘有翼天人。在入口处画有两身人像，房边有佉文和梵文题铭，与入口相

新疆克孜尔石窟谷西区洞窟群外景。克孜尔石窟群隔东西流向的木札提河，与雀尔达格山遥遥相望。二百多个洞窟凿在明屋达格山的峭壁或山麓上。而南北走向的苏格特沟将明屋达格山分成东西两部分，使洞窟自然地形成几个区域。自苏格特沟流出的清泉，滋润着窟群前面的土地，使之成为生机勃勃的绿洲。苏格特沟以西的谷西区，是洞窟最集中的一区。

对的环形壁面，北壁下部与东南壁护壁上绘有相连的宽幅花链饰带，上下有各种形态的青年男女如王子、少女、武士。上部画的是须大拏太子故事，据推论，它大约绘于公元 300 年左右，是迄今发现的时代较早的新疆佛寺壁画。值得注意的是，这一地区早期曾受希腊、罗马艺术影响而形成了具有特色的犍陀罗艺术，其佛教寺院的建筑风格保留了这种传统并加以翻新，壁画不仅保留有犍陀罗刻石的技法，而且颇有新意。表现了艺术家就地取材，利用壁画进行创作的杰出才能，同时，使我们便于考索佛教艺术的传播途径。上述须大拏太子故事是犍陀罗石刻中的常见题材，在这幅中，整个故事的情节被细致而连续地描绘出来，而且人物、车骑、象马、树木都异常生动，反映了艺术家的高超技艺。

据《于阗国授记》记载，约在西汉中叶（前 76），佛教已传入现新疆于阗这个西域小国。曾在王城南十五里处修建了赞摩寺，国王十分信奉佛法，每逢斋戒日，他一定亲自洒扫，进奉献食物，因而崇佛的风气大炽，寺院、

汉弃天下

僧尼很多。在于阗达德力城（今新疆和田县丹丹乌里克）遗址发现的寺院壁画，画上有二梵僧，在梵僧左侧，残存的泥塑天王像旁，画一天女从地上涌出，站立在莲池中，旁边亲切地依偎着一小儿，这是于阗建国的传说，作为壁画的内容而保存下来，并将其美化，人格化，其中吉祥天女来表现神话中的"地乳"更显示了艺术家天才的创造。它已不完全是宗教画性质，部分地具有了历史画的意义，在艺术家精心描绘之后，摆脱了宗教画的神秘感和历史画的政治说教，富有人情味，给人以母爱的感染力和美的享受。

除了建国传说以外，很多传说都进入寺院壁画，如蚕种丝织传入于阗，鼠助瞿萨旦那抗击匈奴等传说都在寺院壁画中得以表现。《大唐西域记》比较完整地记载了于阗国借助联姻而输入蚕种和丝织技术的故事，这一题材的寺院壁画相当丰富，而且传播极广。

从新疆地区遗存的寺院壁画中，可以看出宗教艺术流传的某些规律，佛教艺术是以佛教教义与经典为依据，根据弘扬宗教义法的需要，有选择地表现某些题材的，同时又受到地区风格的影响，表现出一些地方性特色和本土

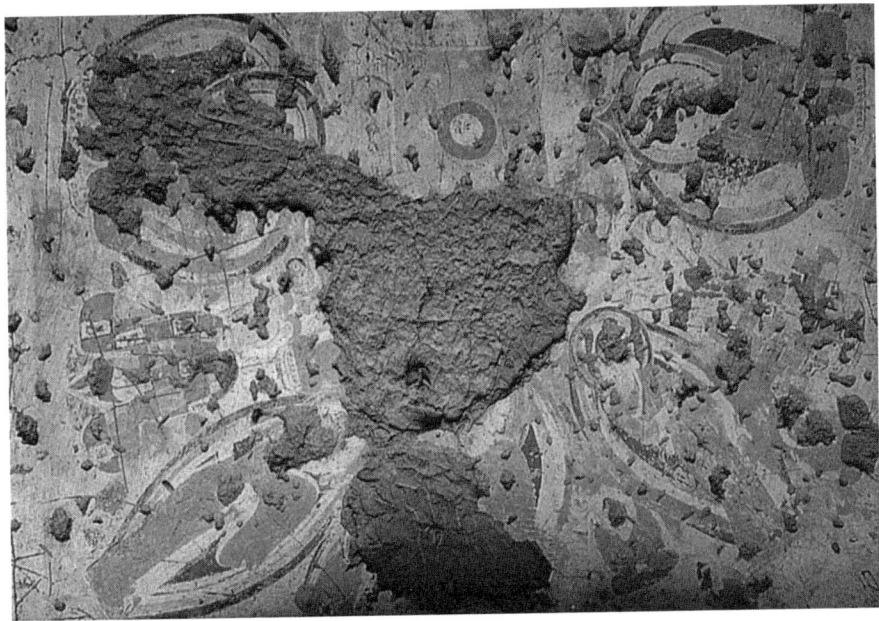

三仙洞东窟窟顶壁画

风格。

　　由于汉民族与西域交往的频繁，两地互为影响，西域于阗等地与内地的佛事活动不断。新疆民丰县以北塔克拉马干大沙漠南缘的一座东汉晚期墓葬中，出土了一件蜡染棉织品。中部残留有人足、狮爪和狮尾，由此可以想象原画中人和狮的关系；左下角画有一半身女像，头有项光，身后有背光，上身赤裸，佩项饰，双手捧着放在容器里的葡萄。在这一幅绘于当地所产的白叠布上的具有明显佛教艺术特色的作品上，既可以看到外来艺术的影响，又反映出东汉晚期佛教艺术已经在于阗一带流行的事实。而上述蚕种丝织传入于阗的壁画中也反映了内地与边远地区物质文化的交流，画中妇女完全是汉时地道的中原服饰与面貌。这意味着绘画不仅是在题材内容上反映了民族联系，而且通过艺术交融形成共同的时代风貌。

　　出现于汉初的新疆寺院壁画在继承外来宗教内容和艺术技巧的同时，突破原有题材和宗教仪轨的限制，融入了本民族的传说和历史，一开始就表现出明显的本土化和市俗化倾向，形成了独具特色的本民族的寺院壁画风格和高超的艺术技巧，同时向我们展示了佛教在我国传播的途径和融汇民族文化的方式。为研究佛教史、民族关系史提供了重要的史料，同时是我们今天学习和借鉴外来文化最好范例。

约 60 ~ 51B.C.

# 西汉

59B.C. 汉神爵三年

颖川太守黄霸被封关内侯，黄霸与龚遂并封"龚黄"，是"循吏"的代表。

57B.C. 汉五凤元年

七月，匈奴五单于争立，国内大乱。

56B.C. 汉五凤二年

八月，匈奴屠耆单于子右谷蠡王以相争兵败，亡归汉。

52B.C. 汉甘露二年

天文学家、数学家耿寿昌在是年前创制成铜铸浑天仪以演示天象。

以废旧麻料制成的麻纸至迟是年已开始使用。

52B.C. 汉甘露三年

正月，呼韩邪单于率众朝汉，此后至王莽执政前六十年间，汉匈民族和平相处。

三月，宣帝命丞相、经学家萧望之主持石渠阁会议，召集诸儒讲论《五经》异同，宣帝亦曾亲临会议，称制裁断。

宣帝命宫廷画家摹绘霍光、张安世、赵充国、丙吉、萧望之、苏武等十一功臣像，为西汉著名人物肖像画，开后世图画功臣之风气。

公元前一世纪中叶，印度佛教传入于阗（都城在今新疆和田南）。

《九章算术》在西汉迭经增补修订，亦约成书于公元前 1 世纪中叶。


59B.C.

在庞培与克拉苏之帮助下，恺撒当选为罗马执政官。历史家李维生（前 59 ~ 公元 17）。

58B.C.

恺撒执政任满，获得高卢总督之地位，出征高卢，作《高卢战记》，罗马三雄指使党羽弹劾名散文家西塞罗，没收其财产，西塞罗出奔伊庇鲁斯。

54B.C.

恺撒侵攻不列颠。

53B.C.

克拉苏在美索不达米亚为安息人所败，战死。

52B.C.

罗马元老议会选举庞培为罗马执政官，事实上成为独裁者。

**049**

## 匈奴五单于争立·单于入汉称臣

车师前王王廷所在吐鲁番交河故城

　　神爵二年（前60）夏，匈奴虚闾权渠单于死。按世系和习惯，本应由稽侯狦继为单于，但残暴恣虐的右贤王屠耆堂却被立为握衍朐鞮是单于。神爵四年（前58）十月，稽侯狦被姑文王等推举为呼韩邪单于，并诛杀了握衍朐鞮是单于。但同年冬，左大且渠都隆奇与右贤王共立日逐王薄胥堂为屠耆单于，发兵赶跑了呼韩邪单于。这时匈奴大乱，自立为单于的西有呼揭单于，东有东犁单于和马籍单于，加上屠耆单于和呼韩邪单于，史称"五单于争立"。五单于展开混战，延续数年。最后呼韩邪单于取胜，重新入主单于庭。

　　五凤四年（前54）正月，呼韩邪单于派遣其弟右谷蠡王入侍汉朝，向汉称臣。汉朝因边塞无战事，裁减了十分之二的戍边军队。

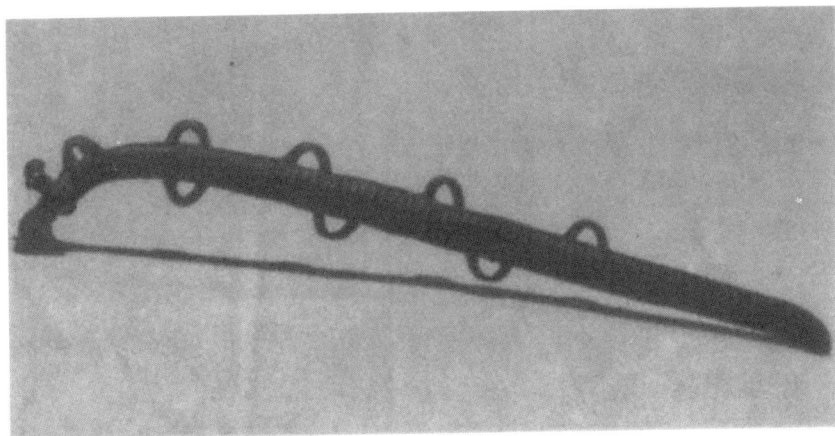

内蒙出土匈奴龙首铜匕

　　同年四月，匈奴郅支单于打败呼韩邪单于。甘露元年（前53），呼韩邪单于与郅支单于各自都派儿子入侍汉朝。甘露二年（前52）十二月，呼韩邪单于到五原（今内蒙古包头西北）塞表示愿携珍宝来汉朝见。宣帝下诏以贵宾之礼接待，地位在诸侯王之上。甘露三年正月，呼韩邪单于亲自朝见汉宣帝。宣帝与呼韩邪在长平会见，后一起回长安，宣帝赠馈厚礼。二月，呼韩邪单于请求留居幕南光禄塞下，遇有紧急情况，可协助汉朝保护受降城。汉朝派遣使一万六千人马送单于防守朔方，居光禄城，并转运边塞粮谷前后共3万4千斛，给单于作饷粮。郅支单于闻风远逃。从此乌孙以西至安息诸国近匈奴的地方，都尊汉朝。汉匈民族和平相处，增进了双方的文化交流和民族融合。

# 冯夫人锦车持节定乌孙

　　当年，汉朝选解忧公主与乌孙和亲，冯嫽作为侍者随行，嫁给乌孙右大将为妻。冯嫽善于处理官方文书，内熟悉汉朝事务，外了解西域诸国风情，曾经持汉节作为公主使者，诸国都尊她为"冯夫人"。

　　甘露元年（前53）四月，乌孙狂王残暴不得人心，与解忧公主失和。狂王的儿子发兵围困汉朝使者及公主于乌孙国都赤谷城。汉都护郑吉派兵解围。

后来，肥王翁归靡与胡妇生的儿子乌就屠刺杀狂王，自立为昆弥（乌孙王号），乌孙局势更加动荡。汉朝派遣破羌将军辛武贤率一万五千兵马到敦煌，待命征讨。都护郑吉听说右大将与乌就屠关系很好，便派冯夫人游说乌就屠降汉。汉宣帝亲自下诏过问此事，派副使二人护送冯夫人。冯夫人乘锦车持汉节，传汉宣帝诏令召乌就屠到赤谷城见汉朝长罗侯常惠，立肥王与解忧公主所生的嫡长子元贵靡为大昆弥，乌就屠为小昆弥。破羌将军不出塞而撤军，避免了一场战事。

甘露三年（前51）冬，大昆弥元贵靡死。冯夫人送年近70的解忧公主回汉地，又自愿请求返回乌孙，帮助元贵靡之子、年幼的新立大昆弥星靡巩固地位。

新疆出土乌孙镶宝石金戒

## 画功臣于麒麟阁

西汉木船（部分复原）

甘露三年（前51）二月，汉宣帝见国强民富，天下太平，于是追思历年来股肱之臣的美德，命宫廷画家在未央宫中的麒麟阁摹绘11名功臣像，并署其官爵、姓名。霍光因为其儿子霍禹谋反而未署名。11名功臣前后次序为：1. 大司马大将军博陆侯霍氏；2. 卫将军富平侯张安世；3. 车骑将军龙额侯韩增；4. 后将军营平侯赵充国；5. 丞相高平侯魏相；6. 丞相博阳侯丙吉；7. 御史大夫建平侯杜延年；8. 宗正阳城侯刘德；9. 少府梁丘贺；10. 太子太傅萧望之；11. 典属国苏武。

麒麟阁功臣像开后世为功臣画像的风气，这些西汉著名人物肖像在绘画艺术方面推动了肖像画艺术水平的提高。

## 西汉出现透光镜

透光镜是中国古代运用光学和力学原理制成的一种铜镜。铜镜在战国时代有较大的发展，到了汉唐时期，铜镜技艺已经较为成熟了，在汉代，出现了透光镜。

上海历史博物馆保藏有两面西汉时期的透光镜，圆形，直径 7.4 厘米，重 50 克。镜的背面刻有图文，在阳光的照射下，图文能够被完整地映射到墙上，故而得名。这一奇特的透光现象令人费解，日本人称其为魔镜。经

汉代透光镜

过研究，人们认为这种现象是由于镜面存在的许多凸凹的曲率不同而造成的。因为镜背面上的图文处微凹，非图文处微凸，光线分别会聚和发散，在映象中就出现相应的亮部和暗部，所以能在墙上形成镜背面图文。透光镜的出现表明西汉时期铜合金的冶炼、铸造和加工技术已达到较高水平。

## 石渠阁会议召开·经学各流派兴盛

甘露三年（前 51）五月，汉宣帝刘询诏诸儒讲论五经异同于石渠阁，太子太傅萧望之等平奏其议，宣帝亲自裁定评判。

汉兴以来，儒家经典因师承不同，区分许多学派，究竟谁是正统，谁是旁门，因圣人已死，无从判别。故宣帝召开石渠阁会议，讨论"五经异同"，旨在加强认同，摒弃异端。经过讨论，宣帝亲自裁定评判，将梁丘《易》、大、小夏侯《尚书》、《谷梁春秋》立为博士。

《谷梁传》，又称《谷梁春秋》或《春秋谷梁传》，是阐释《春秋》的政治思想和内容的经传之一。《谷梁传》旧说鲁国谷梁赤所作，实际上是汉代以前历代儒家学者讲习《春秋》的议论的荟萃，整理成书的时间约在汉初。全书正文 23000 字，采用问答体形式，重点解说《春秋》的政治主张。自汉武帝"独尊儒术"、经学被确立为统治思想，经过宣帝的石渠阁会议对"五经异同"的讨论，经学统治逐渐加强，但经学内部存在不同派别的矛盾，很难形成统一的经学，当时解释《春秋》的，就有《公羊春秋》和《谷梁春秋》两派。武帝以董仲舒为代表的"大一统"理论的《公羊传》做为统治思想，《谷梁》派受到歧视，但因武帝太子（卫太子）喜欢《谷梁》，虽未立博士学官，仍允许传授。宣帝（卫太子之孙）即位，有意扶植《谷梁》派，引起《公羊》、《谷梁》两派矛盾激化。

宣帝为解决经学内部的纷争，召集石渠阁会议，结果除原有博士学官外，增立《谷梁春秋》为博士学官，从此博士由通古今的皇帝顾问转变为以教学授经为主。西汉博士对经学的建立和发展起了重要作用，对后来的经学传播产生了举足轻重的影响。

## 漆器工艺普及中国

西汉中晚期，漆器生产地遍及全国，髹漆与金工及其他工艺相结合，使漆器更加华美瑰丽，金银平脱等西汉前期很少使用的技法，到西汉后期已普遍使用，漆器工艺在此期普及中国。

漆器出土的状况说明了西汉

西汉彩绘漆案

西汉彩绘胎漆耳杯

后期漆器工艺的普及程度。首先，出土漆器的西汉中晚期墓葬几乎遍及全国，超过前期。出土量虽不像前期那样每见大宗，但出土地点明显增加。西汉前期漆器出土地主要在南方，到西汉中晚期，漆器较难保存的黄河流域也出现漆器制造中心，如洛阳汉墓、河北满城刘胜墓、北京大葆台燕王刘旦墓等这一时期的墓葬都发现不少漆器，说明漆器产地增多。南方的湖北光化、湖南长沙、广州、广西贵县、四川成都、贵州清镇、云南普宁等西汉后期墓都有漆器出土。江淮一带出土量较大且保存较好，以扬州、徐州、连云港附近的西汉中晚期墓为最。

此外，西汉后期还形成最为重要的工官漆产地——汉蜀郡和广汉郡，朝鲜平壤附近以及贵州清镇都出土有这两地制造的漆器。

从制作工艺来看，西汉中后期漆器更精致华丽，夹苎胎、扣器的比例增大，

西汉彩绘"大官"鎏金铜扣胎漆盘

**055**

西汉彩绘云气纹胎双层漆奁

西汉彩绘嵌银箔胎漆奁

汉并天下

金银平脱比较普遍地使用起来。西汉中期在汉初漆器刻纹的基础上发明了戗金技法。湖北光化县 3 号、6 号汉墓出土的两件漆卮，刻有动物和流云纹饰，所有刻纹都填入金彩，是我国最早的戗金器。西汉前期漆器多较庄重、实用，木胎居多，夹纻胎一般只见于诸侯王和列侯墓中，扣器为数不多，金银贴花的漆器更为稀少。西汉中期以后，流行在盘、樽等器物的口沿上镶镀金或镀银的铜箍，在杯的双耳上镶镀金的铜壳，这种"银口黄耳"或"扣器"开始普遍使用，不仅限于王府贵族之家。金银平脱技术在西汉前期开始使用，到后期此项技术的使用更加普遍，此期出土的漆器盖上都有金或银平脱饰。如湖北光化汉墓出土有银扣金平脱漆奁，江苏海州西汉侍其繇墓出土一套小漆盒，盖顶有银平脱四叶纹或三叶纹。

西汉云纹漆钟。口沿朱绘波摺纹、点纹，颈部朱绘鸟形图案，肩部和腹部为三圈朱色和灰尘绿色描绘的几何云纹。胎厚，体型稳重牢实。

西汉中后期，漆工艺日益进步，几种比较复杂的漆器装饰技术也得到普遍使用，漆器产地由长江以南扩展到黄河流域，随着商品流通的发展，漆工艺在西汉中晚期普及中国，漆器在此期得到空前发展，在各种工艺品中占有重要的位置。

## 汉代宫苑兴盛

时至汉代，我国的园林建筑史已走过一千多年的漫长历程，由于经济发展，国力强盛，西汉中叶宫苑建设十分兴盛，达到了前所未有的高峰。

西汉镶黄玉鎏金铺首

早在商代末年，苑囿就开始出现，并有了后世以风景名胜为背景，建构楼、阁、亭、榭的观赏性建筑的滥觞。秦代通过征服六国的战争，掠夺了大量的财富，掳获了大批工匠，因而大兴土木，以满足帝王的侈靡生活的需要，在与六国的战争中，每灭一国，就仿照其宫殿样式在咸阳建造同样的宫殿，形成了高低错落、绵延数十里的六国宫殿这一庞大的建筑群，成为战国以来各国建筑技术的大展览、大交流，是当时关东与关中文化交流的结晶，推动了建筑和文化的巨大进步。在此前提之下，秦始皇构筑了咸阳宫、阿房宫、甘泉宫等大量的离宫别馆，形成了秦代宫苑高、大、多的风格和恢宏的气势。

西汉最初几代统治者，生活相对简省，经 100 多年的休养生息，国力空前鼎盛，好大喜功的汉武帝开始大兴土木，使得离宫别馆遍布京畿，总数达 340 所之多，远超过秦代关中宫苑的数量。在建筑艺术上除继承秦代以外，又有新的发展，决定于其不同的社会和物质条件，汉代宫苑表现出壮丽无比的特有风貌。

西汉鎏金兽面铺首

汉代比较著名的宫殿有长乐宫、未央宫、建章宫等。长乐宫是西汉最早营建的宫室，宫城 20 里，开四门，其主体是前殿，十分阔大，秦阿房宫的 12 个铜人被移置殿前，宫内还有许多小殿，如临华、温室、长信、长秋、永寿、永宁等殿。未央宫在此基础更有发展，规模和气势也有所扩大。最能代表西汉宫殿建筑风格的是武帝时所建的建章宫。它周长

30 里，有阁道跨城与未央宫相通。建章宫"千门万户"，前殿高于未央宫，东面有高 20 多丈的东阙，西有数 10 里的虎圈，北面有泰液池，池中有蓬莱、方丈、瀛州三岛，池边有 20 多丈高的渐台，它规模宏大，布局复杂，创造了一种将宫殿、离宫别馆及苑囿结合在一起的多功能新型宫苑，这种在水池中构筑蓬莱三岛仙山神境的园艺风格，开创了皇家苑囿的建筑典范，为后世所效法。建章宫及西汉所有宫苑内部装修十分侈华，宫殿选用有香味及美丽木纹的木料制作栋椽梁柱，加以雕刻彩绘，用玉石做柱础、门窗口。玉珰钉椽头，瓦当已由战国时的半圆形变为圆，图案多样，装饰式样丰富，门拉手为黄金制作，形如兽面，口衔圆环，地面呈朱红或青灰色，经磨光处理，有些铺有素面砖和花砖，甚至涂有漆，墙面有墙衣或彩绘，后宫以椒粉、胡粉粉刷，用黄金釭修饰的壁带显得华贵无比，还把玉璧、明珠用绳串连悬挂于墙面，室内陈设异常考究。这些色彩绚丽，装饰华丽的宫殿和巍峨宏伟的苑囿一起构成了西汉宫苑与秦代宫苑相区别的壮丽美的风格。但总体来说，汉代宫殿建设有随意性，是宫苑与自然景观的组合体，缺少明清宫室有规律的整齐组合。

汉代苑囿不仅数量、内容大为增多，而且范围广阔，往往绵延数百里，

未央宫遗址。位于陕西西安西北郊汉长安故城南部。西汉主要宫殿遗址之一。

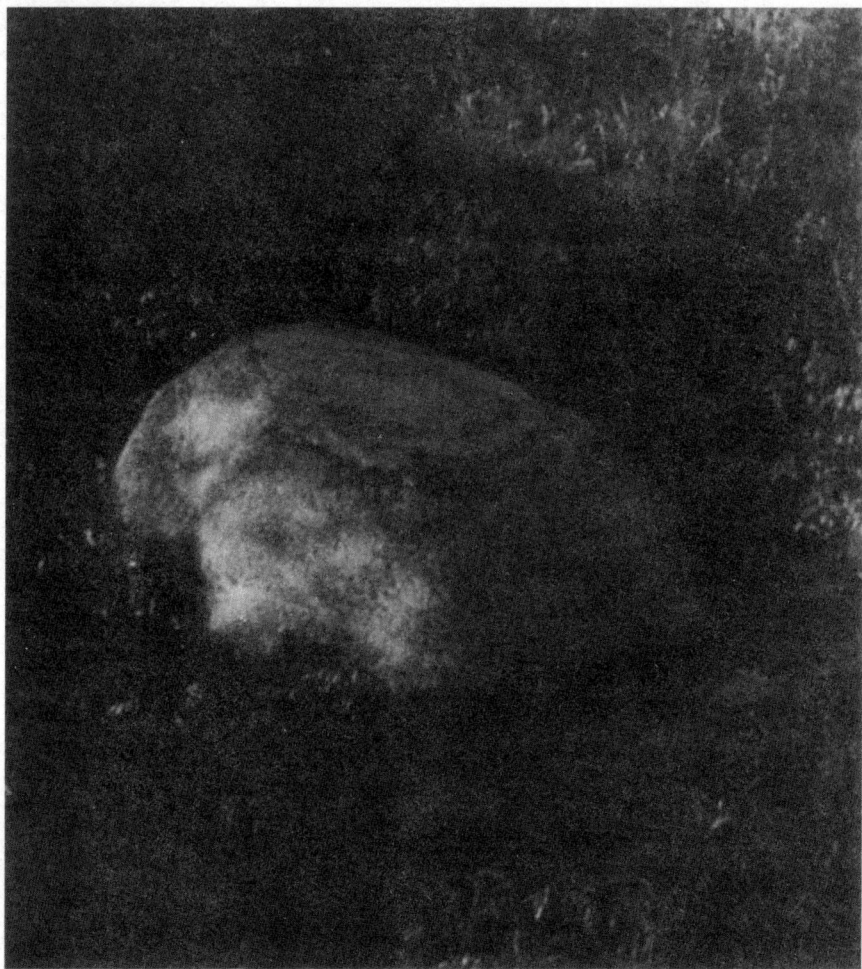

未央宫柱础。西汉建都长安，长安城内的未央宫、长乐宫、桂宫、北宫、明光宫等交相辉映其中未央宫宫殿群就由三十余处殿堂组成，由此可见京师规模之雄伟。这些宫殿后来陆续毁于战火，在地面除了基础已很少有建筑遗物存留。这是仍留在遗址上的柱础。

除离宫、别馆外，还有大片的自然风景，具有独特的自然景观和人工园林。其中当以上林、甘泉两苑最为著名。上林苑在秦上林苑基础上开辟，苑内有十个烟波浩淼的水池，其中最大的昆明池周长40里，汉武帝曾在此训练水军，园内有许多山，内建离宫70所，方圆数百里，能容千乘万骑，不仅可供游乐，还可组织军事训练和进行农副业生产，功能十分完备。而甘泉苑却是苑山茫茫，极富野趣。

与西汉相比，东汉宫苑无论数量和规模都相差甚远，皇家圆囿仅 10 多处，但在结合和利用自然地形，节省人力费用方面却成就显著，表现出高超的技艺。显然，这是由其社会稳定程度和财力所决定的。

在两汉，不仅皇家宫苑规模宏大，数量繁多，贵族、大臣、富豪也纷纷效仿，建造了许多规模宏大、风格各异的私家园林。皇家和私家园林的大规模建造，一度造成了两汉宫苑兴盛的局面。

# 炒钢发明

炒钢技术约发明于西汉中晚期。后以生铁为原料，加热到液态半液态，撒上矿石粉，同时不断搅拌，在强氧化性气氛中（铁矿粉和空气中的氧）降低生铁中碳的含量（或称脱碳），制得钢或熟铁。

这种炼钢法简化了工序，提高了产量和质量。因此这种技术发明以来很快得到推广，而且炒钢设备的规模也日益扩大，在较大程度上满足了社会对可锻铁的需求。现今所见当时有关的实物有：河南巩县铁生沟、南阳瓦房庄、新安孤灯村等冶铸铁遗址出土的炒钢炉，铁生沟出土的铁块、残铁锄、铁锸等炒炼制品。

到了东汉，除弩机外，一般兵器都以铁制成，山东苍山出土的东汉永初年间环首错铭文"卅涷大刀"，就是用炒钢法锻制的杰作，汉代以来用炒钢锻制的铁农具已取代了铸制铁农具的主导地位，在农业生产中发挥着其重要的作用。

在欧洲，整个中世纪使用的都是直接冶炼法得到的自然钢和块铁渗碳，与炒钢相类的工艺直到 16 至 17 世纪才发明出来，在产业革命中发挥了很大的作用。

炒钢法是我国古代劳动人民在冶铁史上的一项重大发明，在炼铁技术中既快捷，又简便价廉，沿传不衰。

话说 中华文明

汉弄天下

## 汉阙雄伟

建筑艺术发展到汉代，已具有相当的水平，和当时的盛世景象相衬，汉代建筑一般都具雄伟气势，结构亦很精致。其中汉阙就是一佐证。

汉阙，通常是成对地建在城门或建筑群大门外表示威仪等第，因左右分列，中间形成缺口，故称阙（古代"阙"、"缺"通用）。它的雏型是古代墙门豁口两侧的岗楼，在人们能够建造大型门屋后，便演变成门外侧的威仪性建筑，防御功能逐渐减弱。据文献记载，在西周时已有阙，但没有保存下来，现存最早的阙是汉代修建的。

汉代是建阙的盛期，都城、宫殿、陵墓、祠庙、衙署、贵邸以及有一定地位的官民的墓地，都可以按一定的等级建阙。墓前建阙已经成为一种制度，即使在崖墓，也在入口的石壁左右雕刻阙形。

汉阙建造得非常雄伟，外形高大，颇有威仪，西汉长安城未央宫

汉代高颐阙。高颐阙在四川省雅安县城东约七公里的姚桥，全部用石砌筑，仿木构雕饰而成，造型美观，雕琢精细，是国内现存汉阙中的精品。檐壁上刻着人物车马、飞禽走兽。四面伸出的顶盖雕有四坡瓦垅、勾头和脊饰，充分表现出汉代木构建筑的端庄秀美。

汉代望楼和庭院建筑。这幅画系采用熟练的透视技法绘制成的建筑鸟瞰图。庭院深邃广阔，重叠错落。整组建筑，四面由房屋合拢成大四合院，其内又分割成许多小四合院。中心院有堂、厢、廊庑和通往各处的甬道，后院的寝室及周围各院的建筑。建筑群后部中间一院内，有一座高层的晾望楼，该楼设射孔和报警用扁圆形鼓，还设有相风鸟和测风旗。

安高颐阙最为有名。高颐阙是仿木构型阙，分台基、阙身、阙楼、屋顶 4 部分。台基、阙身上雕出柱、枋和栌斗，阙楼上雕楼面平坐木枋，花窗和挑檐斗拱，屋顶雕椽及瓦饰，都很真实。这种阙虽是石造，但可视为可以供登上防守用的大型木构阙的模型。另外，还有一种土石型阙，以河南登封县太室阙为代表，只分台基、阙身、屋顶 3 部分，无阙楼或只示意性的使阙身上部稍微向外

的东阙、北阙，建章宫的凤阙、圆阙，是历史上著名的大阙。传说凤阙高 20 余丈。据有关资料记载，这些巨阙造型很有气势，设计精巧，充分体现了汉代盛世的气魄，可惜经岁月流转，现在除凤阙尚有夯土残址外，其余的都已堙灭，保存下来的只是一些东汉的小型石造祠阙和墓阙，最高者不过 6 米。

其中，石阙是用块石雕琢后砌成，在形制上有大小繁简之分，大的称子母阙，有大小两个阙身相并，上有一高一低两个屋顶，高屋顶在内，称母阙，低屋顶在外，称子阙，以四川雅

四川渠县汉代冯焕墓阙

膨出。这是一种实心的不能登上的纯威仪性阙。

从汉阙的造型结构的大略了解，它们对于比例、尺度、装饰部位等，已有细致推敲，可以想见当时的建筑艺术水平和审美要求。大型仿木构型阙的存在，在如今缺少汉代木构建筑实物的情况下，具有相当重要的价值。

约 50B.C. ~ 31B.C.

# 西汉

**49B.C.汉黄龙元年**

宣帝死，皇太子奭嗣位，是为孝元皇帝。

**46B.C.汉初元三年**

武帝茂陵白鹤馆火灾，命举天下明阴阳灾异者。

**43B.C.汉元帝永光元年**

四月，太阳黑子最早的可靠记载。

**36B.C.汉建昭三年**

秋，西域都护甘延寿、副校尉陈汤矫制发屯田吏卒及西域十五国兵，分两道入康居，攻杀匈奴郅支单于，匈奴随郅支单于西徙者几尽。

**33B.C.汉竟宁元年**

正月，匈奴呼韩邪单于来朝，愿婿于汉；以后宫女王嫱赐之。五月，元帝死，皇太子骜嗣位，是为孝成皇帝；学者史游于元帝时编著书写成《急就章》。

**49B.C.**

恺撒与庞培及元老会决裂，庞培逃至希腊，多数元老议员亦随庞培逃走。

**48B.C.**

将军恺撒侵埃及，立克娄巴特拉弟与克娄巴特拉共治，是为托来美十三世（在位年代前 47 ~ 前 44）。恺撒大破庞培军于巴尔干岛之法萨卢，庞培逃往埃及，后为埃及人所杀。

**44B.C.**

恺撒被任命为罗马终身狄克推多。三月十五日恺撒为共和派元老会议议员布鲁图斯所刺杀。

**43B.C.**

安东尼、屋大维及恺撒旧部骑兵指挥官雷比达三人组成"三头同盟"，号称"后三巨头"。

诗人奥维得生（前 43 ~ 公元 17）。

**36B.C.**

屋大维击败庞培，庞培逃至迈里托岛，旋死。安敦尼与埃及女王克娄巴特拉结婚。

**31B.C.**

九月，屋大维与安东尼军队大战于希腊西海岸之亚克兴海角。次年安东尼与克娄巴特拉自杀，埃及为屋大维所占领。罗马大权落于屋大维一人之手，共和国灭亡，罗马帝国开始。

## 汉宣帝去世

汉宣帝像

黄龙元年（前49）宣帝病重，拜外戚侍中乐陵侯史高为大司马、车骑将军，太子太傅萧望之为前将军、光禄勋，少傅周堪为光禄大夫，皆受遗诏辅政，领尚书事。同年十二月，宣帝死于未央宫，年43岁。次年正月葬于杜陵。

宣帝在民间长大成人，高材好学，躬行节俭，慈仁爱人，赏罚必信。在位时强调"霸道"、"王道"杂治，励精图治，重视吏治，综核名实，平理刑狱。继承昭帝遗法，划苑囿、公田假给贫农耕种，减免田赋，降低盐价，使农业有新的发展，谷价五到八钱一石，为西汉以来最低的记录。他还在沿边设立常平仓，谷贱则籴，谷贵则粜，以调剂边地需要。同时手工业也有发展。神爵二年（前60）置西域都护。甘露二年（前52）匈奴呼韩邪单于降汉，次年入汉朝见。这对发展西域、沟通东西商路，有一定作用。

## 汉以粮资助匈奴

汉初元元年（前48），国困民饥。九月，关东11郡国出现大水灾，灾区闹饥荒，出现人相食的惨状。汉元帝下令附近郡县转运钱粮救济灾民。这一年，匈奴呼韩邪单于上书元帝，反映民众的穷困疾苦。元帝诏令从云中（今内蒙托克托）、五原（今包头西北）郡调拨二万斛粮食资助单于。

## 经济思想家贡禹去世

初元五年（前44）十二月，经济思想家贡禹去世。贡禹，生于公元前124年，字少翁，琅邪（今山东诸城）人。以明经德行征为博士，历任凉州刺史、河南令。元帝时，征为谏大夫，初元五年为御史大夫。

贡禹曾多次上疏元帝，为解决"年岁不登、郡国多困"的局面，奏请减损乘舆服御器物。还数言得失，要求元帝选贤能，诛奸臣，罢倡乐，修节俭，注意减轻赋役。许多建议得到元帝接纳。贡禹在土地、赋税、货币等问题上均提出自己的见解，主张抑制兼并，崇本抑末；减轻赋税；废弃货币，代以谷帛。他是第一位主张废除货币，使民众专心务农的人。

## 律学家京房大狱死

京房（前77～前37），字君明，本姓李，东郡顿丘（今河南清丰西南）人，汉代今文易学"京氏学"的开创者，律学家。他曾师从孟喜弟子焦延寿学《易》，著有《京氏易传》，元帝时被立为博士。他多次上书谈论灾异，以灾异推论时政得失。建昭二年（前37）六月，元帝数次召见京房，京房上奏建议采用考功课吏法，为当时专权的中书令石显、尚书令五鹿充宗所嫉恨。他们建议元帝任命京房为魏郡（今河南安阳北）太守，试用考功课吏法治郡。仅一个多月，石显等便以"诽谤政治，归恶天子"的罪名诬告京房，京房死于大狱。

京房在乐律方面有突出贡献，他的律学成果受到其易学思想的影响。京房为解决先秦的"三分损益法"不能实现"黄钟还原"的难题，根据八卦原理，继续推衍三分损益法，将12律扩展成60律。虽未达到黄钟还原的目的，但60律在律学理论探讨上有积极意义。京房在律学上最重要的贡献是提出"竹声不可以度调"的论点,即不可用竹制律管来定音,而主张以弦律定音,并计算出十三弦"律准"的数据。根据现代律学可知,管律振动时产生的气柱长度较管的长度为长,即声音较同样长度的弦律为低。所以竹制律管无法像弦律那样通过三分损益计算确定长度,用来定音。这就是"竹声不可以度调"的含义。京房在2000余年前的西汉,提示了如此精微的律学感知,给后世以很大启迪。

## 汉代灰陶极盛

汉代灰陶制作技术继承商周以来的传统进一步发展,灰陶容器在全国各地普遍使用,灰陶成为汉代最主要的陶器。

西汉陶马

汉陶辟邪 　　　　　　　　蛙形陶插座

　　灰陶是用泥土作坯胎，经入窑烧制的器物，一般呈青灰色，火候均匀，烧成温约在摄氏 1000 度以上，质地坚实。灰陶容器多属圆形，形状规整，表面较光滑，很少纹饰，基本上是素面的。有些灰陶器也模仿当时的漆器，表面涂漆。还有一些专为随葬而作的彩绘陶，其作法是在陶器烧成后，在器物表面绘描彩色花纹。

汉五联罐

　　汉代灰陶器种类繁多，有的作饮食器或贮藏器，如瓮、罐、盆、樽、盘、碗等；还有一些作日常用具如案、灯、熏炉及扑满之类，为前代所少见或未见；仿铜陶器陶鼎和陶钟也常见于汉代；此外，汉代还盛行用灰陶制作各种随葬的明器。这些明器有仓和灶以及猪、马、牛、羊等动物偶像，还有井、磨、猪圈、楼阁、碓房、农田、陂塘等模型及各式各样随葬的陶俑。

灰陶在汉代已普及到全国各地，汉代葬墓中多有灰陶器物出土，比较著名的有洛阳汉墓出土的灰陶鼎和西汉中期墓葬中发现的"彩绘陶"。

## 郅支单于败死

自汉昭帝时匈奴发生五单于争立事件后，匈奴分裂为南北两部。南匈奴呼韩邪单于在宣帝年间降汉，北匈奴郅支单于被迫西迁，以"右部"为根据地，继续与汉为敌。

郅支单于先后出兵进攻乌孙、乌揭、坚昆、丁零。又困辱汉使江乃始等，并派使者至汉要求接回其入侍汉朝的儿子。初元五年（前44），汉元帝派卫司马谷吉等护送郅支单于侍子回国。郅支单于杀谷吉等人，向西逃往康居（今苏联中亚北部），并多次与康居联合出兵乌孙，深入赤谷城，杀掠人民，驱赶牲畜而去，一时西域震动。

汉朝使者谷吉等被杀后，汉元帝三次派遣使者到康居，索还谷吉等人的尸体。郅支单于困辱汉使，不肯从命。建昭三年（前36）冬，西域都护甘延寿、副校尉陈汤奉命出使西域，察知时势，假传朝廷命令征发在车师屯田的吏卒和西域15国军队共4万人，分两路讨伐郅支单于：南路出葱岭经大宛攻入康居南部；北路自温宿越天山攻乌孙赤谷城。郅支单于兵败被杀，阏氏、太子、名王以下1518人被斩，生俘145人，1000余人投降。经过这次战役，随郅支单于西迁的匈奴人几乎全部覆没。

## 汉匈和亲·昭君出塞

建昭三年（前36），汉朝消灭郅支单于，帮助呼韩邪单于重新统一匈奴。呼韩邪又高兴又害怕，在建昭五年（前34）上书汉朝，表示要入汉朝见汉帝。

元帝竟宁元年（前33）正月，呼韩邪单于第三次入汉觐见汉帝（前两次

明代仇英绘《明妃（昭君）出塞图》

为前 51 年、前 49 年），提出愿为汉婿，复通和亲之好，元帝准其要求，把
宫女王嫱以公主的礼节嫁给呼韩邪单于。王嫱，字昭君，南郡秭归（今湖北）人，
幼时被选入宫做宫女。当得知朝廷选宫女与匈奴和亲的消息，昭君慷慨应召，
愿远嫁匈奴。昭君姿容丰美，仪态大方，通情识理，深得呼韩邪单于钟爱。
昭君离开长安时，文武百官一直送到十里长亭，她怀抱琵琶，戎装乘马出塞。
到匈奴后，呼韩邪单于封她为"宁胡阏氏"。后生一子，取名伊屠智牙师，
长大后被封为右日逐王。成帝建始二年（前31），呼韩邪单于去世。依匈奴
风俗，昭君复嫁复株累单于（呼韩邪单于与大阏氏子），又生二女。昭君出

话说 中华文明

汉并天下

昭君墓

塞后，匈奴与汉朝长朝和睦相处，汉匈民族间政治、经济、文化的联系有所发展，边境安宁，百姓免遭战争之苦。元帝下诏将昭君出塞这一年改元竟宁。

## 汉代开始画门神

　　门神是指中国古代神话传说中的司门之神，最初的门神只是抽象概念，到汉代，门神有了具体的形象和姓氏。汉人以神荼、郁垒为门神，按神话故事描绘的形象开始画门神。从此贴门神避恶鬼成为一种风俗在汉代流行。

　　王充在《论衡·订鬼》中引述了《山海经》里的门神故事。传说沧海之中有度朔山，山上有棵大桃树，万鬼出入其枝杈间，神荼、郁垒两位神人统管万鬼，对于穷凶极恶的鬼，他们就用苇索绑着喂给老虎吃。黄帝于是作礼敬神荼、郁垒二位为门神。具体仪式是在门口立一大桃人，门户上画神荼、郁垒和老虎并且悬挂苇索在门上以驱赶恶鬼。门神遂有了姓氏和特定职责，

门神的形相也固定下来，神荼白脸喜相，郁垒红脸怒相，历代相沿。每到岁末，家家户户都在门上贴门神，挂苇索，插桃枝，形成一种民间风俗。

汉代画门神的风俗开创出一种新的绘画形式——门画。门画所描绘的内容往往随着门户的性质和人们的愿望发生变化，门神的形相也因之改变。《汉书》中记载广川惠王越的殿门贴着古代武士的画像，后世门神不再指神荼、郁垒而变为武士尉迟恭、秦叔宝，沿续至今。除大门外，库房、厨房、内室等各种各样的门上都贴门画，门画变得丰富多

汉墓壁画：门卫

彩，汉代还发展出石刻的墓室门画。门画的题材拓宽，除驱鬼避邪外，还出现吉祥题材的年画。

# 中医临床诊治经典《难经》问世

《难经》是继《内经》之后出现的又一部医学理论典籍，最后成书约在东汉以前，一说秦汉之际，又名《黄帝八十一难经》、《八十一难》，作者不详，隋以前托名黄帝撰，唐以后多题为扁鹊（秦越人）撰，均属伪托。

《难经》是释难之作，书中以问答形式，讨论了81个疑难问题，绝大部分是《内经》中已经提出而尚有疑点的问题，少部分引用的"经言"应该是指《素问》和《灵枢》二经，所以《难经》可以说是《内经》的延续和解答。

《难经》1～22难论脉学；23～29难论经络；30～47难论脏腑；48～61难论病证；62～68难论俞穴；69～81难论针法。它以解决与临床诊察治疗密切相关的基本理论为主，很少论述具体病症，也没有《内经》那样多论述人体发育、阴阳五行、天人相应等问题。它的主要贡献在：①发展了寸口脉法；②重视解剖，提出了"七冲门"和"三焦无形"说；③发展了经络脏腑理论，提出"奇经八脉"和"右肾命门"说。

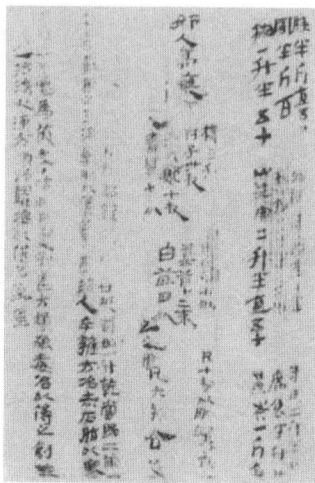

医方木简。涉及内、外、妇、五官、针灸等科。

《难经》首次全面论述了以寸口脉诊断全身疾病的原理，改变了《内经》中多见的遍身诊脉法。寸口，是指掌后高骨内侧手太阴肺经搏动的地方（桡动脉博动处），《难经》认为寸口是手太阴肺经之脉，全身气血都要朝会肺脏，十二经脉循环流注系统也是从肺经开始再到肺经结束，所以寸口脉能够单独反映五脏六腑的生理病理状况。《难经》"独取寸口"的诊脉法，被历代医学家推崇并沿用至今。

《难经》又把寸口脉分为"寸"、"尺"两部，这是作者的重大创见。它在《内经》寸口一部脉法的基础上，把寸口脉以"关"（掌后高骨，桡骨茎突）为界分为尺、寸二部，尺脉一寸，寸脉九分，尺脉诊阴，寸脉诊阳，分别诊断人体阴阳。并且特别倚重尺脉，认为尺脉对人体有决定重义。另外，它还把把脉指力轻重分为五等，以"三菽"、"六菽"、"九菽"、"小二菽"、"至骨"分别候察肺、心、脾、肝、肾五脏，为以后的"浮中沉"候脉法及寸关尺三部分候脏腑学说的创立奠定了基础。

《难经》对人体解剖十分重视，对心、肝、脾、肺、肾、胆、胃、小肠、大肠、膀胱、舌、咽、喉、肛门等器官的大小、形状、重量、位置和容量都有详细的论述。它把消化管道的七道关隘定为"七冲门"，分别为飞门唇、户门齿、吸门会厌、贲门胃上口、幽门胃下口、阑门大小肠相接处、魄门（又称肛门）消化道下极，对消化管道的解剖特征有完整的认识。同时，它通过解剖研究，认为《内经》和《灵枢》所载的三焦配脏的说法是一种错误，提出了"三焦无形"的结论。

《难经》还将人体经脉手足三阴三阳十二正经之外的冲脉、任脉、督脉、带脉、阴跷脉、阳跷脉、阴维脉、阳维脉称为"奇经八脉"，系统地对各脉的内涵、循行路线、生理功能、病理变化进行了论述，确立了中医经络学说完整的经脉系统。《难经》还提出了"右肾命门"的学说，认为"肾间动气"是生命之本，左肾为肾，右肾为"命门"，为明代李中梓确立的"肾为先天本论"

奠定了基础。

　　《难经》是继《内经》之后又一重要的医学理论典籍。它对人体解剖生理、病理及"独取寸口"的诊脉法的叙述，反映了秦汉时中医理论的水平，对以后中医理论的发展有深远的影响，之后历代对《难经》都有校勘注释和补正发挥，有众多的版本刊行。

# 汉代针灸疗法流行

　　秦汉时期，针灸疗法一直在临床治疗学中居于重要地位。针灸是古老的治疗方法。马王堆出土的《阴阳十一脉灸经》，记载了灸治各条经脉在临床上的治疗作用。《黄帝内经》讲述了完整的经络理论，对俞穴、针法、刺禁等都有详细的说明，还记载了9种不同的针具，称为"九针"，并分别记述了"九针"的用法和功能。河北满城刘胜墓出土的金银医针，也是对两汉时期医用针具的真实反映。东汉早期成书的《难经》，进一步发展了《内经》的经络学说，强调了"五俞穴"和"八会穴"的临床意义，创立了"补母泻子"的取穴原则，都一直为后世医家所遵用。

　　从西汉初年的淳于意，到东汉末年的张仲景，都是针灸与药物并用的著名医家，尤其张仲景，不仅在《伤寒论》中多次提到针灸疗法，而且专设"可

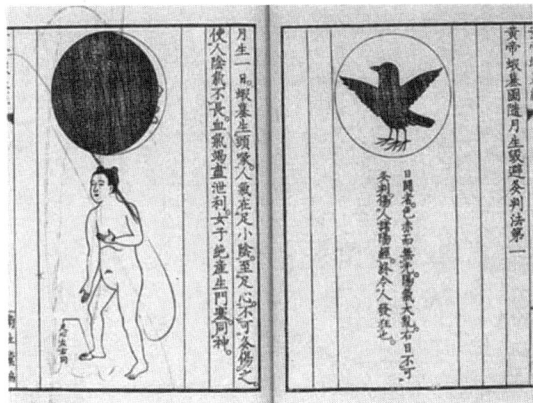

日斗禁灸

针灸陶人（残）

**075**

汉并天下

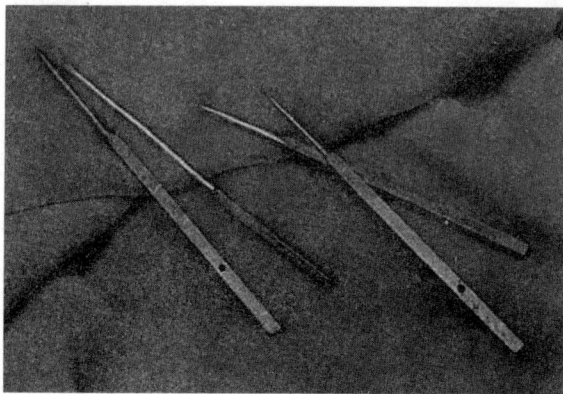

刘胜墓金针。设金针四枚，银乐颠颠 六枚。完整的四枚金针为针、锋针各一枚及毫针二枚。据研究，这批金银医针与《灵枢·九针十二原》所述形制相似，为早期的针灸专用针。

刺不可刺"、"可灸不可灸"等章，论述针灸宜禁问题。西汉时期还出现了专以针灸治病的医生，如四川涪水一带的涪翁，就是一位家境贫寒而热心以针灸为人治病的针灸专家，其弟子程高、再传弟子郭玉，都以针灸之术著称。据说涪翁还撰有《针经》一书，可惜没有传世。

华佗不仅是杰出的外科学家，而且精于针灸之术。当时曹操患"头风眩"病，屡治不效，华佗却能用针灸迅速取效，因而被曹操强行留作侍医。但华佗不慕名利，不肯只为曹操一人治病，不久便托辞归家，延期不返，因此获罪于曹操，终遭杀害。此外，华佗的弟子樊阿，也是著名的针灸大家，一般医生认为不能妄针或针之不过4分的胸背部危险俞穴，樊阿却常针1～2寸甚至5～6寸深，每每取得良好疗效，可见他的针刺技术已相当娴熟精巧。据史书著录，汉代曾有不少针灸专著问世，可惜均已失传。晋代名医皇甫谧著《针灸甲乙经》时，曾以《明堂孔穴针灸治要》为重要参考书，该书出自汉代医家之手，其主要内容保存在《针灸甲乙经》中。

## 汉代铜车马精美·中国车舆技术发达

中国的马车、牛车等畜力车在汉代进入了繁荣的时期，车制结构成熟，样式丰富多彩，不但成为人们生活不可缺少的部分，也成为艺术的重要对象。

中国是最早使用车的国家之一。相传中国人大约在4600年前黄帝时代已经创造了车。大约4000年前当时的薛部落以造车闻名于世。《左传》说薛部落的奚仲任夏（约公元前21～前17世纪初）"车正"。《墨子》、《荀子》

和《吕氏春秋》都记述了奚仲造车。在商代（约公元前 16～前 11 世纪），中国车工已能制造相当精美的两轮车。甲骨文中许多车字，表明商代的两轮车已有一辕、一衡、两轭、一舆。河南省安阳县大司空村发掘出商代车的遗迹。中国历史博物馆的商代车模型是一辆精致的两轮车，显示出当时造车技术的高度水平。中国早期的车轮辐数多在 18 和 30 之间。有辐车轮的应用使车的结构轻巧，重量减轻，是一项重大的进步。相传奚仲"桡曲为轮，因直为辕"。春秋战国时期，特别注意加强车的薄弱部分，用加强材料——"夹辅"施于车轮。战国墓葬中许多大型车辆都有"夹辅"，而辐条斜置则是车辆结构的又一项比较大的改进。

中国周已有使用油脂作为车辆的润滑剂。汉代创造了先进的马用挽具，使车辆轻快并便于驾驭。

到了汉代，车量数量多，样式丰富，使用广泛，根文献记载，画像砖石刻画和出土的铜制模型来看，车辆已经普及到了生活各方面，并出现了一些重大的改革。

四轮车较两轮车行驶平稳，运输量大。中国在汉代以前就出现了四轮车。中国东汉和三国时期出现的独轮车是一种经济而又适用的运输工具，特别适宜于羊肠小道。根据记载，诸葛亮北伐时，蒲元创造"木牛"为军队运送粮秣。许多学者认为当时的"木牛"就是一种独轮车。

中国汉代杰出的科学家张衡发明了举世闻名的记里鼓车。这种车行驶一里自动击鼓一下，显示里程。三国时代马钧发明指南车。车上立一木人，不论车辆走向如何变化，木人手臂始终指向南方。

车最早由人推挽，人力车的载重能力比人本身的搬运能力大得多，后来用畜力牵引。畜力车比人力车载运能力大，而且速度快，行驶里程远。单辕两轮车是早期畜力车的通用形式。中国古代的两轮

青铜斧车

马车复原图

汉代马车模型

车常用两马至四马驾车和牵引。驾车的马称为服马，两侧协同牵引的马称为骖马。马车具有快速、灵活的特点，在畜力车中占重要地位，但对道路条件要求较高。1980年在陕西省临潼县秦始皇陵附近出土的大型彩绘铜车马，反应了中国2000多年前马车制造的精湛技艺。汉代铜马车更是显示了汉代车马技术的繁荣，车马同时成为重要的艺术对象，汉代的车马雕塑，特别是铜车马达到了极高的艺术水准，形象生动准确，具有劲健、飞腾的艺术品格，从一个侧面反映了汉代人的精神面貌。

西汉初期墓出土的几组铜俑具有代表性。广西贵县风流岭31号墓出土的1件身着盔甲的踞坐铜俑，

高39厘米；伴出1匹青铜马，高约115厘米，姿态雄健威武，是继秦代铜车马之后，西汉前期的大型青铜雕塑杰作。

东汉青铜雕塑，有甘肃武威雷台出土的青铜马车仪仗俑群、湖南衡阳道子坪出土的铜牵马俑，贵州清平坝出土的青铜车马，河北徐水防陵出土的2匹青铜大马（高

铜轺车

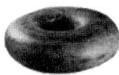

约 116 厘米）、河南偃师李家村出土的鎏金铜奔羊、小铜牛和小铜马，亦称马踏飞燕，通高 34.5 厘米，作者运用浪漫主义手法，设计一匹飞驰电掣的骏马，三足腾空，一足踩在展翅疾飞的鸟背上，侧视的基本轮廓呈倒三角形，具有强烈的运动感，被誉为汉代青铜雕塑的奇葩。

## 《急就篇》编成

汉元帝时，宦官黄门令史游写成《急就篇》，又名《急就章》。该书收录常用字，依人名、地名、器物杂用等分类编排。大抵每七字一句（有少数三字句），押韵合辙，便于诵读记忆。该书原抄写于三角觚（古代用来写字的木简）上，每面一句，取首句"急就奇觚与众异"首二字为名。全书篇幅不多，字句整齐，实用易学，是汉时流传颇广的训蒙课本，用于学童识字。

急就篇

约 30 ～ 21B.C.

# 西汉

28B.C. 汉河平元年

三月，王延世为河隄使者，塞东郡决河，三十六日而成；改元河平。

27B.C. 汉河平二年

古文易学此前已在民间流传，以费直创立的"费氏学"最为著名。

26B.C. 汉河平三年

以中秘书颇有散亡，命谒者陈农主持天下遗书征集工作。光禄大夫刘向开始主持校理群书，其子刘歆协助，为我国历史上大规模整理图书之始，对图书馆学、校勘学、目录学、版本学皆有开创性影响。一书校毕，即条其篇目，撮其旨意，后汇成《别录》（今仅存散篇），为我国目录学开山之作。

刘向上《洪范五行传》，集古今符瑞灾异比附世事祸福。

25B.C. 汉河平四年

"山阳〔今河南焦作东〕火生石中"（《汉书·成帝纪》），是关于天然气的最早记载。

22B.C. 汉阳朔三年

六月，颍川铁官徒申屠圣等起义，杀官吏，劫仓库，攻掠九郡，不久败。

21B.C. 汉阳朔四年

乌孙内哄，西域诸国请复命段会宗为都护。

齐人甘忠可约是年前后造《天官历》、《包元太平经》十二卷，后者为道教经典《太平经》最早的本子，已佚散。忠可倡言汉运当终，宜改元易号，再受命于天。未几，下狱病死。

28B.C.

屋大维架空元老会。

27B.C.

罗马元老议会上屋大维尊号为"奥古斯都"，即"神圣"之意。屋大维取消三巨头时期违背罗马宪法之法令，极力保持共和国之形式，自称是罗马共和国之恢复者。

24B.C.

屋大维征西班牙无功而还。

铜贮贝器

## 王氏五侯·外戚政治抬头

西汉河平二年（前27）六月，王谭、王商、王立、王根、王逢时等同时被汉成帝封侯，时称"五侯"。这一事件标志着西汉外戚专权的抬头。

外戚王氏家族得势，缘于元帝皇后王政君。王政君生刘骜（即成帝），被元帝立为皇后，其父王禁被封为阳平侯，王禁之弟王弘被封为长乐卫尉。王禁死后，其长子王凤继承爵位，官拜卫尉

猪虎搏斗铜饰

西汉骑士猎鹿鎏金扣饰

侍中。

刘骜继位后，尊政君为皇太后，任命王凤为大司马大将军，并负责尚书事务。又封政君同母弟王崇为安平侯，封王凤庶弟王谭等五人为关内侯：即封王谭为平阿侯，王商为成都侯，王立为王阳侯，王根为曲阳侯，王逢时为高平侯。自此，王氏家族把握了朝廷军政大权，

不可一世，而成帝则一味姑息。王凤秉权专势，威震朝廷，郡国太守、丞相、刺史等各级官员都出于他的门下，他后来又任命侍中太仆王音就御史大夫高位。

王凤死后，王音继为大司马大将马。五侯相继死后，其子皆继承爵位。王氏亲属封侯者已近十人。

永始元年（前16），王政君又封早亡兄王曼为新都哀侯，封侄子王莽为新都侯。

外戚把持朝政，为后来的王莽篡汉创造了条件。

## 西夷之乱平息

汉成帝河平二年（前27）冬，牂柯郡夜郎王兴、牂町王禹、漏卧侯俞起兵反汉，牂柯太守请求朝廷发兵诛杀兴等。成帝召集大臣商量对策，大臣认为路途遥远不宜派兵进击。于是成帝派遣太中大夫张匡，手持信节前往调解劝降。兴等并不从命，还雕刻汉使臣木像，摆在路旁，当射箭靶子。朝廷又任命陈立为牂柯太守，前往调解。陈立到了牂柯，谕告夜郎王兴罢兵归降，兴还是

西汉云南滇人青铜器

西汉虎噬鹿铜扣饰。云南滇人青铜器。

不从。陈立便召来夜郎王兴，数说其罪状后杀之。夜郎邑君说：将军杀了目无王法的兴，实在是为百姓除了大害。于是放下武器投降。钩町王禹、漏卧侯俞听到消息后，大为惊恐，便献牛羊等慰劳汉军将士。陈立率军回郡。不久，兴的岳父翁指和其子邪务收集余兵，胁迫周围二十二邑一起反汉。陈立上奏召募诸夷，与都尉、长史分别率军攻击翁指。翁指占据天险死守，陈立派奇兵断其粮道，又运用反间计引诱其部属。当时天大旱，陈立率兵攻绝翁指取水之道，夜郎人不能支持，斩杀翁指，献其首级投降，西夷之乱平息。

## 扬雄作《反离骚》

扬雄（前53 ~ 公元18）字子云，蜀郡成都（即今四川成都）人，西汉著名辞赋家，汉成帝初年作《反离骚》。

扬雄年青时好学苦读，精通经书训诂之学，博览诸子百家之书，擅长写作辞赋，经常模仿同乡前辈司马相如的作品。他有感于屈原辞赋胜过司马相如却不能为世人所接受。每次读《离骚》，没有不流泪的。于是他认为：人能否在现实中实现自己的志愿理想，完全依靠命运的安排，没有必要象屈原那样不得志就投水自尽。因此他仿照骚体作《反离骚》，把它从岷山投入江流，以凭吊屈原。《反离骚》同情屈原的遭遇，但又从老庄思想出发指责屈原"弃由、聃之所珍兮，跞彭咸之所遗"，流露出一种明哲保身的思想，影响对屈原的正确评价。后来，扬雄还仿屈原文风作《广骚》，又仿《惜诵》、《怀沙》作《畔牢愁》。

## 烧沟汉墓壁画代表中国早期壁画

西汉二桃杀三士

汉代，壁画盛行，1957年发现于河南省洛阳市烧沟西汉晚期墓室内的壁画，是中国早期壁画的代表。

烧沟汉墓壁画面貌基本完整，它的主要造型手段是线描，侧重于表现人物性格和运动感的传达。情节性画面上背景与前景人物的平面关系，呈现了早期绘画的二维特点。以画为主、雕绘结合的表现手法，可能受到当时地面建筑装饰手法的影响，是后世大量这种艺术形式的雏形。

烧沟汉墓壁画，分布在主室的墓门内额、隔墙及中柱、后壁、墓顶中脊上，一部分为完全绘画形式，一部分画在经过镂雕或带有高塑的砖面上。墓门内额一个浮雕的羊头周围画有树木、飞燕和翼虎吞噬裸女图，似乎是地神崇拜和除魁消旱观念的反映；隔墙横楣上方梯形部位的两面有凤鸟、龙、虎、鹿、

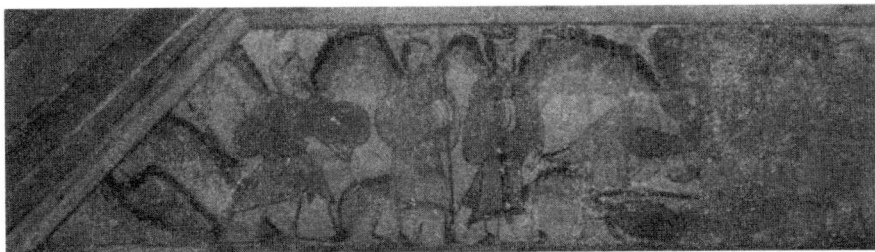

鸿门宴壁画（左）

鸿门宴壁画（右）

怪兽、翼马、玉璧、窗门及人物等形象，表现了祛邪的傩仪和对吉祥的祈求。由 12 块砖面构成的前室顶部中脊是天象图，画满日、月、星、云，里面是有金乌的太阳、有蟾蜍玉兔的月亮以及大部分可经实证的星座，表现了白昼与黑夜的更替，形象地传达出对天体的认识，这种认识与"升仙"意识结合，演变为对天界的向往，与墓室券顶这个特定部分在功能上是吻合的。

　　墓主室中有两幅完整的画面。隔墙横楣上的一幅，画有 13 个人物，右边是表现"忠勇"的"二桃杀三士"故事，左边内容不太明确，其中有一人物特别矮小，有人认为表现的是周公辅成王或赵氏孤儿的故事。后壁的一幅呈梯形，画有 9 人围绕中间一兽首人身持杯饮酒的形象，右边是一人站立，二人对饮与庖厨场面，左边是二人拱手站立，一人持剑跨步。从宴饮、怒目挥剑和背后的山峦景象分析，可能描绘的是楚汉战争"鸿门宴"的史实。壁画位置之外的主室壁面及墓顶斜坡所用的砖，均以模印几何花纹装饰，单色的印纹砖与彩色壁画构成了互映的整体效果。

## 《别录》《七略》开创中国目录学

汉成帝河平三年（前26），因为汉武帝以来宫中藏书颇多散失，成帝便下诏命令谒者陈农去征集天下散失的图书，汇集于天禄阁。又命光禄大夫刘向等整理校勘宫中藏书。刘向主要校勘经传、诸子、诗赋，并主持全面整理工作；步兵校尉任宏校勘兵书，太史令尹咸校勘数术，侍医李柱国校勘方技。每校完定稿一书，刘向都写出叙录，分别介绍该书的篇目顺序、内容提要和作者生平，并略作考证，辨别书的真伪，思想和史实的是非，剖析学术源流及确定书的价值。各书叙录都附带在本书中，后经分类汇抄，又单独成书，称为《别录》，共20卷（今仅存散篇），是中国第一部书目提要。

刘向主持的图书校理工作，是我国历史上大规模整理图书的开始，对图书馆学、校勘学、目录学、版本学都有开创性的影响。《别录》一书树立了提要目录的典型，并首创图书分类法，在目录学史上具有重要的意义。

刘歆死后，其子刘向奉诏校五经，继续刘向未完成的工作。刘歆在《别录》的基础上概括许多书籍内容汇成中国第一部官修目录《七略》，即辑略、六艺略、诸子略、诗赋略、兵书略、数

西汉狗"灭火东升"井户及滑轮、水罐

术略、方技略。其中辑略是其他六略诸书的总纲要置于六略之前，叙述编辑凡例并总论各类图书源流。其余六略分六大类著录各种图书，各略又分若干小类，共三十八小类。著录图书603家，13219卷。所录之书都注明作者、卷数。

《七略》是中国历史上第一部综合性的图书分类目录，它保存了关于古代典籍的许多宝贵资料，创立了古代图书六分法之类例，成为班固写作《汉书·艺文志》的蓝本，与《别录》同为我国古典目录学奠基之作，反映了西汉末年图书事业发展的成就与规模，对后世目录学的发展有深远的影响。

# 西汉壁画的主题：升仙驱邪

西汉壁画在秦代宫室壁画的基础上，题材和技巧有大发展，现存的多是从汉墓发掘中得到。汉代墓室壁画多属装饰性，在西汉早期兴起，墓主人大多是地方豪强或显贵高官。西汉壁画可使人们了解西汉社会经济、文化、绘画和审美意向。现今所知道的西汉墓室壁画大都分布在广州、河南洛阳、陕西西安交通大学、甘肃武威五坝山等地。壁画墓主要是大型空心砖构筑，壁画的主题则是升仙驱邪。

西汉壁画在汉墓壁画中属于前期的，主要以河南洛阳卜千秋墓、洛阳烧沟第六十一号墓等作为代表。壁画墓的发展与西汉中期以后豪强大族厚葬习

洛阳西汉古墓壁画。"车马出行图"原发掘于洛阳老城西北，后移置"王"陈公园内复原保存，为西汉中期遗物。同时出土的大幅壁画，尚有星宿图、吉祥图、升仙图、二桃杀三士图等，皆色彩艳丽，结构紧凑，形象生动。

西汉开明兽与不死树。这幅画当是描绘开明兽与不死树的神话故事，表达了墓主人企望死后升仙，过美好生活的幻想，亦有祥瑞之意。

西汉女娲画

俗的发展相随，而壁画墓的出现则多在当时的军事要塞或经济文化中心。尤以陕西、山西、河南为最多。这一时期的壁画内容包含升仙和天象，墓室的主室内大多绘满壁画，脊顶绘天象和云气、四神图。这一时期的壁画风格淳朴，构图简单，某些还有西汉早期帛画的一些特征。当时主要的绘画工具是毛笔，使用的是黄、绿、朱、紫、橙等色彩的矿物质颜料，使壁画色彩经久不褪。绘画技法还比较单一，绘制技巧上发挥了战国到西汉早期宫廷壁画和帛画上用墨线勾勒轮廓再平涂施色的手法，造型手法上是写实与夸张结合。

洛阳卜千秋墓年代较早，墓内壁画保存比较好，主室东侧门额画着象征吉祥的人首神鸟，后壁上方正中画着猪头方相，其意在驱鬼辟邪，它的下面则是青龙白虎。墓顶壁画是长卷式画面，包含天象与升仙两种内容，全长 451 厘米。东西两端各表现一种内容，天空景观由彩云环绕的女娲、含蟾蜍桂树的月

西汉伏羲画

象、人首蛇尾的伏羲、含三足鸟的日象构成；升仙的场景由双龙、神鸟、"枭羊"、白虎护卫、仙女持节方士导引，男墓主挎弓骑龙，女墓主捧鸟骑三头凤的景象构成。画面上的每种物象都很有生气，布局有序，勾线流畅，变化多姿的流云纹起着联结统一画面的作用，表现了较高的绘画技巧。整个画面使人们看到了典型的升仙驱邪主题，极为形象地表达了当时人们渴望死后升仙的幻想。

洛阳烧沟第六十一号西汉墓，壁画内容除保持升仙驱邪的基调外，出现了一些新题材，开始画一些历史故事，如"二桃杀三士"，意在宣扬封建道德。

值得注意的还有西安交通大学和武威五坝山的西汉晚期墓室壁画，尤其是西安的西汉壁画墓，它的顶部绘着日月星象，但二十八星宿是用不同形态的人物与动物作为标志，对于绘画史与天文史的研究有重要价值。武威的西汉壁画墓中保留着鸟瞰法勾画地形的古老画法，同时壁画中羽人的形象也可在河西地区见到，由此可看出中原与河西文化联系在张骞通西域后变得紧密。

随着时间的发展，西汉壁画内容在原有的基调上，出现了生活中的人间景象，至王莽和东汉，内容更是丰富，从升仙驱邪的虚幻走向现实。

总之，西汉壁画升仙驱邪的主题使人们了解到当时谶纬流行和天人感应对人的影响，以及"事死如事生"的思想，而题材的变化则蕴含着后世壁画的发展方向。

西汉武士画之一

## 汉代科学技术发明领先世界

在汉代，技术发明也许构不成工业革命，但绝对可以构成技术革命。如果不是以现代的眼光来看汉代人技术的水平，而以历史的眼光看技术革命的规模和结果，那么汉的生产技术的发明是惊人的，并不比工业革命时代的欧洲少。如果按技术进步的集约性来看的话，汉代的技术革命可以比欧洲还要大。

汉的生产技术发明是众多的，我们甚至不可能列举。

两汉的力学机械发明有：犁壁（使土定向），三脚楼，水碓（用水力或畜力），翻车，浑天仪（张衡，用水力，最早的天文钟），地动仪（张衡，利用地震力），七轮风扇（丁缓，轮系传动），被中香炉（丁缓，利用重量和转轴使香炉始终平稳），水排（杜诗，有主动轮、从动轮、曲柄、把圆周运动变为拉杆直线往复运动，用来鼓风），指南车（自动离合的齿轮系统）。前六项是简单的力学技术应用，后几项是集约技术的典范。这些基本技术在战国文明中后期即已构成，以后有大规模使用，但基本技术构成没有多大变化，除了宋水运仪象台有了最早的擒纵机关。

汉水利工程有：漕运河（前二世纪，长三百里），龙首渠（其后不久），等等。光学仪器有：潜望镜（前二世纪，利用平面镜反射的组合），冰透镜（前二世纪，用以生火），琉璃透镜（《论衡》记载以玉石取火），透光镜。另外有长城，弛道和栈道，织花机、钉子、火井、石炭、龙骨车、石椎、簸扬机、活塞、风箱、磨车、钻井技术、瓷器等发明创造。农业技术发展迅速，农书《氾胜之书》内容全面丰富，以"丝绸之路"为象征的汉代纺织技术遥遥领先世界。汉的各行各业都被技术化。

汉代人发明了世界上最先进的挽具和脚蹬子，并影响了全世界。奇怪的是，这些马具并不是由在那时已有几千年用马经验的游牧民族发明的。在这之后，有效的马具才使交通的能量大增，交通水平是使汉代文明超过同时代其他文明生活方式和技术水平的根本内容。交通水平是文明水平进步的必要条件和

地动仪（复原模型）

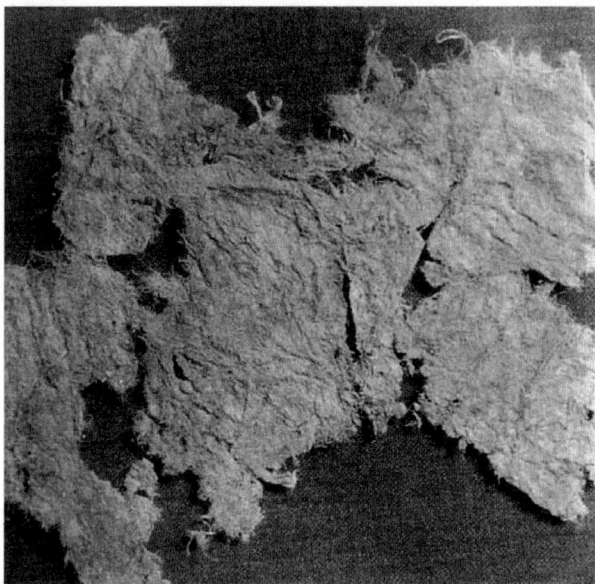

敦煌西汉马圈湾纸。1979年甘肃省敦煌县马圈湾西汉长城烽燧遗址出土。共五件八片。该纸色泽较白，质地较细匀，含麻纤维。根据一同出土的木简，可以证明此纸为西汉成帝、哀帝、平帝时期（前32～公元5年）的产物，为研究我国古代造纸术提供了实物考证。

标志。船具也有重大进步，船舵、索具、帆都在此时获得发明和改进。实际上，外海航行从不是中国人的专长，但在内河航行上，汉代人却是极为先进的，河闸、吊桥，甚至拱桥是那时中国河道上常见的装置。

汉人的生活在当时是非常可羡的，不但在食物、衣着、住宅上比希腊人舒适得多，在其他方面也是希腊人不敢想象的。

汉代的能源的开发已有相当高的水平，中国对于天然燃料的使用在世界上最早，从记载和考古材料看，在汉代都已成型。根据《山海经》和《汉书·地理志》，在前一世纪之前，汉人已开始使用煤，河南郑洲汉冶铁遗址表明在西汉已用煤冶铁，曹操开凿了储煤十万斤的冰井台。对石油最早的记载见于《汉书·地理志》，在两晋南北朝则对石油有了明确的认识，也用于燃烧和润滑。宋对于各种能源的使用是西汉能源工业的发展，在面和量上都很大。在石油、天然气的使用上，宋明也有继续，不过没有本质发展。

造纸技术毫无疑问是人类历史出现过的一项最伟大的技术发明，到现在为止学没有，将来也不可能会有什么技术会比它更伟大。纸是人类文明的一个基础，现代文明是以它为信息载体的。有人把中国汉代文明勃兴超过其他文明的原因归于它，而把欧洲兴起而中国退步的原因归于欧洲发明了活字印刷而中国没有（至少没有真正地使用）。不管这个说法对不对，没有纸以前的文明在普及和交流上受到很大限制，也就限制了文化的发展。造纸本身也是个杰出的技术，它使中国在一千年中成为纸张出口国，因为没有人能够仿照，更不用说独立发明了。八世纪左右阿拉伯人俘虏了中国技工后才开始用中国技术和设备造纸，欧洲人比其他民族杰出的地方就是他们能够仿造纸张，能够从中国造纸术中分析出其技术构成。

蔡伦造纸的说法有一些夸张，考古工作已经发现了前二世纪的纸，但蔡伦（二世纪）改革和推广了造纸技术，使旧的不便书写的麻纸变为至今大致结构仍没有改变的良纸工艺。

中国酒不同于外国酒的一个重要特点就是它使用曲，《汉书》已经记录了成熟的曲，《齐民要术》记载了十二种造曲法。这种以曲为酒母的技术构成了中国酒的主流，宋以后出了红曲，但基本工艺没有变。

曲、铁、纸、瓷等中国式工业的发展形成了汉代技术文明的基本格局。它们有一个相同的特点，就是善于发明使事物变化的技术，这是战国文明的组合变换方式在技术上的伟大实现。并且，它们与炼金术构成了一个整体，并以炼金术为范式。

铁的出现和块炼法在世界各地也是很早的，中国并不具有优越地位。中国文明真正伟大的发明是它的生铁冶炼，这在世界上是最早的，早于西欧一千五百年。这一冶炼法得到液态的生铁，可以直接浇铸成器。这一方法可能出现于战国文明的早期，江苏六合程桥和冶阳出土了春秋时代的生铁器物，但

记里鼓车。能自报行车里数，标志着造车工艺已达到很高水平。图为根据史料记载复原的记里鼓车模型。

**093**

它在当时应是一个简单技术发明，在汉代，铁的冶炼技术达到了高峰。战国后期的块渗碳钢（已有淬火工艺）在汉代发展为百炼钢，显著提高了性能，西汉中期又出现了炒钢，即把生铁炒成钢，是技术史上一大飞跃。到南北朝又出现灌钢，并在宋以后使用而没有变化。

以钢铁技术为主的战国秦汉工业无疑在当时世界上是领先和占主要地位的，汉的工业已是一个相当发达的文明形式，这使得它与希腊罗马迥然不同，有一个本质性的优越地位。

## 中国古代计时器发展成熟

中国古代计时器的创始时间不晚于战国时代。应用机械原理设计的计时器主要有两大类，一类利用流体力学计时，有刻漏和后来出现的沙漏；一类采用机械传动结构计时，有浑天仪、水运仪象台等。此外，还有应用天文原理（大都根据日影方向测定时间）计时的日晷，它也是中国最古老的计时器之一。

漏刻是我国古代最主要的计时器，其原理是利用滴水多寡来计算时间，所以后人又称它为"水钟"。漏刻的基本装置是漏壶，多为铜制，因而习称"铜壶滴漏"。

漏壶种类很多。古代埃及和巴比伦等国家也使用过。中国历史上用得最多、流行最广的是各式各样的箭壶，元代还出现过以沙代水的沙漏。多少个世纪中，漏壶由简到繁，由粗到精。我们的祖先创制出五花八门的多级漏壶，发明了使水位保持恒定的"莲花漏"，留下了数之不尽的古

女坐俑。银俑发髻上挽，身着多层交领广袖衣，此例适度，神情拘谨，是一个年轻侍者的形象。

汉代铜漏壶。此壶是西汉成帝河
平二年(前27)四月在河西郡千章
县铸造的。是至今出土的最完整
而又有纪年的漏壶。

摇钱树陶插座

西汉金银镶嵌铜车饰

钟佳话。英国的中国科技史专家李约瑟在赞誉中国的水钟时写道:"这种计
时器,在他们的文化中已发展到登峰造极的地步。"

约 20B.C. ~ 11B.C.

# 西汉

19B.C. 汉成帝鸿嘉二年

博士初行大射礼及分饮酒礼。

开建昌陵，规制极大，迁各地富豪于此。

18B.C. 汉鸿嘉三年

四月，令吏民得买爵，级千钱。

17B.C. 汉鸿嘉四年

冬，广汉郑躬聚众万人，攻历四县，为广汉、蜀郡兵所破，败散。

16B.C. 汉永始元年

刘向编成《列女传》。

14B.C. 汉永始三年

正月，遣使循行郡国，问民疾苦，并与部刺史举敦朴逊让有行义者各一人。十一月，尉氏人樊并等十三人杀陈留太守起义，旋败。十二月，山阳铁官徒苏令等二百二十八人起义，杀官吏，劫仓库，经郡国十九，旋败。

12B.C. 汉元延元年

连年灾旱不断，刘向及吏民多人上书，据天人感应说认为是外戚王氏家族王音、王商、王根接连擅权所致。

11B.C. 汉元延二年

乌孙内哄，汉将杀小昆弥太子番丘，以大昆弥翎侯难栖为坚守都尉。


19B.C.

罗马诗人维吉尔死（前 70 ~ 公元 19）。维吉尔为罗马之杰出诗人，是屋大维之崇拜者，从屋大维出征，归罗马不久即卒。

18B.C.

百济传说高句丽东明王子温祚，惧不为琉璃王所容，南走至汉山，据其地自主，国号百济（一作百残）。

17B.C.

罗马盛大庆祝"黄金时代之归来"，昼夜不停，盛况空前。屋大维开始被称为"蒲林斯"，意为第一个公民。"元首制"即由此来。

15B.C.

百济遣使通好于汉乐浪郡。

13B.C.

罗马元老议会通过起建和平神社，四年后完成，为罗马此时期最伟大之艺术成就。

# 王莽发迹

　　王莽字巨君，魏君元城（今河北大名东）人，为元帝皇后王政君的侄子。王氏家族在元帝、成帝统治年间先后有九人封侯，五人官拜大司马，权倾朝野，威重一时。王莽的堂兄弟都是将军列侯之子，因为时尚奢靡，都沉迷于声色犬马之中。而王莽的父亲王曼早死，未被封侯，家境贫寒，因此他为人谦逊有礼，勤奋博学，在外广为结交有识之士，在家里

彩绘陶壶。西汉彩绘陶器继承了战国的彩绘技术而进一步发展，以壶类数量最多，纹饰也最精美。绘有青龙、玄武、白虎、朱雀的生动形象，技巧熟练，色彩富丽，风格豪放，发挥了中国绘画线条的特长。

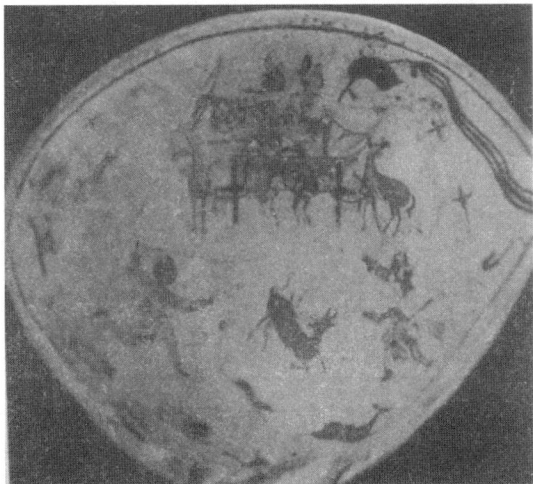

贝壳彩绘狩猎图

殷勤服侍各位叔伯，颇有礼节。阳朔中，伯父大将军王凤患病，王莽在病榻旁服侍，亲口尝药，蓬头垢面无暇自顾，一连几月衣不解带。王凤临死前，把他交托给太后王政君与成帝。成帝任命他为黄门郎。永始元年（前16）五月，王政君封早年死去的哥哥王曼为新都哀侯，又封王

**097**

莽为新都侯，封地位于南阳新野的都乡（今河南新野南）。后来升迁骑都尉、光禄大夫、侍中，渐渐掌握汉朝廷大权，开始有了篡位改制的野心。

## 赵飞燕专宠·班婕妤奉长信宫

明·仇英绘"汉宫春晓图"

汉鸿嘉三年（前18），成帝刘骜微服巡行，经过阳阿公主家，见歌女赵飞燕艳丽非常，便召她入宫，极为宠幸。不久，成帝又将其妹赵合德召入宫中，封赵氏姊妹为婕妤。从此赵氏姐妹贵倾后宫，原来受成帝宠幸的许皇后和班婕妤都失宠。为了进一步巩固自己在宫中的地位，赵飞燕又诬告许皇后、班婕妤有邪媚之道，诅咒后宫与皇上。同年冬十一月，成帝废许皇后，将她赶至昭台宫，又诛杀皇后之姊谒，并将其亲属发送回故里。永始元年（前16）成帝立赵飞燕为皇后，又封赵合德为昭仪，居昭阳宫。该宫全用黄金、白玉、明珠、翠羽装饰。

汉代兽面纹玉铺首。铺首为建筑门怖。此铺首加工精细，兽面狰狞，是不可多见的珍品。

班婕妤，名不详，楼烦（今山西朔县东）人，是班固的祖姑（姑奶奶）。从小便有才学，善于写诗作赋。成帝初即位时，她被选入宫，开始为少使，不久得宠立为婕妤。成帝曾想和她同车游后庭，班婕妤婉言拒绝，她说：看古代图画，圣贤君主都有名臣陪

侍一旁，末代昏君才有宠姬相陪；如今皇上想与我同车，难道不和此相似吗？成帝认为班婕妤颇为贤慧。后来赵飞燕姐妹得宠，班婕妤和许皇后进见皇帝的机会渐少。许皇后被赵氏姐妹诬陷后，婕妤见情势危急，便请求去长信宫侍奉皇太后。成帝死后，她奉守陵园，死后葬于园中。刘骜因宠爱赵氏姐妹，便把

车马过桥画像砖

军政大权交给外戚王氏掌管，汉朝由此步入外戚专权的时代。

# 扬雄作《甘泉》、《羽猎》、《长杨》赋

成帝永始三年（前14），西汉著名辞赋家扬雄因文似司马相如而被推荐入朝。成帝命他待诏未央宫承明殿。永始四年（前13）正月，成帝去甘泉泰田寺举行郊祀，扬雄随行。回来后扬雄奏献《甘泉赋》，极力铺张形容甘泉

宫室的宏伟，皇帝仪仗的壮观，祠祭仪式的隆重，并寓含讽谏成帝之意。同年十二月，成帝与群臣去上林苑游猎，又遍游宫观作乐，扬雄同行，回来后作《羽猎赋》，奏献成帝。元延三年（前10），成帝为了向胡人夸耀中原禽兽之多，命令右扶风派遣百姓进南山，广捕各种野兽，运送长杨宫射熊馆，让胡人与野兽徒手搏斗，将之擒获。成帝亲临观看，扬雄跟从。尔后扬雄撰《长杨赋》记述这件事，赋中假托翰林主人与客卿子墨的互相辩论，强调虽然擒得我禽兽，而我也已经因此征服其王侯，大扬汉威。在行文之中，他对成帝此举也提出了委婉的批评。这几首赋为扬雄的代表作，均构思壮阔，用词华丽，行文流畅，有气魄，有司马相如之风，故后世以"扬马"并称。

## 西汉末天下多乱

　　西汉末年，政治腐朽，外戚专权。皇族、贵戚、官僚和豪强地主依靠政治、经济特权，疯狂地兼并土地，加速了农民的破产流亡，使阶级矛盾日益尖锐；而统治阶级的急征暴敛，大兴徭役，使劳动人民生活陷入绝境，不能不起而反抗。于是各地纷纷爆发了反抗西汉封建统治的武装斗争。

　　汉成帝阳朔三年（前22）夏六月，颖川（今河南禹县）官营铁场工人申屠圣等180人起义。他们"杀长吏，盗库兵，自称将军，经历九郡"。成帝鸿嘉三年（前18），广汉（今四川梓潼）郑躬等60余人，"攻官寺，篡囚徒，盗库兵，自称山君"。起义曾经扩展到四个县，人数达一万多，坚持斗争达一年之久。成帝永始三年（前14）十一月，尉氏（今河南尉氏县）樊并等13人起义，杀陈留太守，自称将军。同年十二月，山阳（今山东金乡）官营铁场工人苏令等228人起义，"攻杀长吏，盗库兵，自称将军，经历郡国十九"，并"杀东郡太守，汝南都尉"。太初四年春，天大旱，关东百姓传行西王母筹，经历郡国，入关直到京城。京城百姓又会聚西王母祠庙，有的人夜晚持火上屋，击鼓呼叫。

## 胡风舞流入中原

西汉时期，西域乐舞开始内传，大大丰富了中原舞蹈艺术形式，在中原刮起一阵不小的"胡风"。

《西京杂记》中就有关于《于阗乐》的记载，《于阗乐》即西域乐舞，这一记载不尽可信，但至少在张骞出使西域后，西域乐舞就开始传入内地。

西汉彩绘骑马武士俑

西汉双人舞盘鎏金铜扣饰。青铜铸高浮雕，背面有一椎扣供装置。舞俑高鼻深目，梳髻，着长袖交襟有领上衣，细裤腿至足踝，跣足佩长剑。

**101**

话说 中华文明

汉并天下

西汉四乐舞俑。滇人贵族墓随葬品。四俑立于一横长条形铜柱上。一俑吹笙踏足，三俑徒手舞蹈。

西汉舞蹈壁画。此为生活饮宴画面中的舞蹈部分。此画先用颜色绘出形象，再用墨点睛并勾画出胡须、衣裙。色彩鲜丽，墨线生动飘逸。是研究西汉舞蹈和绘画的重要资料。

汉代在吸收外国和国内各族乐舞的同时，外国及各族使节和乐舞艺人也在做着舞蹈艺术的交流工作。《后汉书·南蛮西南夷列传》中记载，永初元年（107），掸国（今缅甸北部）国王雍由调派使者向汉安帝献上吐火、跳丸之技，不仅赢得阵阵赞叹，还在群臣中引起一场争论，最后，跳丸、吐火等幻术杂技成了汉代宫廷与民间不可缺的节目。汉朝与西域各地的和亲联姻活动，也成为舞蹈交流的一个途径。汉武帝把细君公主嫁给乌孙王、汉宣帝把解忧公主嫁给乌孙王，在多次谨见、探亲、朝贺活动中，舞蹈艺术得到了交流。

由于西域乐舞的大量传入，到东汉灵帝时，"胡风舞"成了宫廷内外深受人们欢迎的舞蹈。这些"胡舞"的舞容舞情，史籍未见详细记载，但从其他文献和某些文物图像中可以作出一些推测。贾谊《新书·匈奴》记载了汉初匈奴的胡戏表演，艺人戴着假面并由箫鼓伴奏，边翻滚跌扑，边舞蹈跳跃，实际上也就是和杂技一起串演的胡舞。1981年河南西华发现的西汉晚期墓葬出土的一批空心浮雕式画像砖中，有几块是胡人舞俑画像，这些形象都是深目、高鼻、面部表情丰富，有的还有八字胡或络腮胡，舞蹈姿态多为两臂架起，一手上抬，一手抚腰，双腿有蹲有跪，似乎正以或滑稽、或潇洒的舞蹈表演取悦观众。

胡风舞传入中原后，很快同汉朝舞蹈结合。山东济宁古亢父城出土的汉画像石上有一幅"乐舞杂技图"，画中10位杂技艺人都是高鼻、裸体、椎髻，表演舞轮、跳丸、跳剑和《鼓舞》等舞蹈和杂技，而10位乐人、歌者都全是汉人面容和装束。从他们使用的乐器埙、排箫、笙等看，很象《清商乐》的体制。画中显然是中原乐队与"胡舞"、杂技结合表演的情景。

在汉朝与缅甸、印度、朝鲜、日本等国贸易往来中，也有文化艺术以及舞蹈的交流。《后汉书·东夷列传》就记载了汉朝的舞乐伎人将中原舞蹈传到朝鲜，同时也学习了朝鲜民族舞蹈。

中原与南方边陲地区在汉代也有广泛的舞蹈文化交流。广州一带就出土了许多具有浓郁中原舞蹈风味的汉代玉雕舞人。广州象岗南越王赵眛墓6个玉雕舞人，有的绕舞长袖，有的双双并立而舞，有的欲轻盈举步，舞姿形态十分生动，有一种古越族与汉族舞蹈相互交融渗透所产生的别致风韵。

汉代对东北和北方地区的开拓和交往，使这一地区许多民族、地区的风俗性舞蹈活动载入了汉朝史书。《后汉书·东夷列传》就记载了东北地区少数民族的生活习惯和歌舞习俗。

汉代，外国和我国各少数民族舞蹈艺术从各种渠道传入中原，在中原舞蹈和其他民族舞蹈融合的过程中，舞蹈艺术得到了各方面的充实和升华，为后代舞蹈艺术的发展奠定了坚实的基础。

## 汉代明器陶楼反映建筑式样

　　汉朝是中国封建社会的上升阶段，中国古代建筑在这期间进入了一个繁荣时期。由于全国人力、物力和技术成就得到了集中使用，出现了许多规模宏大的建筑物，建筑技术发展很快，木构架建筑渐趋成熟，砖石材料推广使用，砖建筑和石建筑都得到了飞速发展，建筑形式呈多样化。从汉墓中出土的陶

陶住宅模型

制建筑物模型，即汉明器陶楼，就反映了汉代的建筑式样。

汉明器陶楼种类多样，形式富于变化，在平面形状、层数、结构、屋顶式样、柱梁、斗拱、平坐、勾阑、门窗、踏步、脊饰、瓦件等细部处理方面，都提供了比文献、壁画和画像更为具体的形象资料。

斗拱在汉代得到普遍使用，以一斗二升或一斗三升较为常见，常施用在陶楼的屋檐、平坐下或柱头上，按使用部位的不同，有柱头铺作、补间铺作、

陶水榭。绿釉，水榭模型。水塘圆形，池沿排列人物、家禽、家畜，池内有鳖。平座中矗立双檐水榭，与池边有桥相连。陶水榭乃是当时的建筑模型。

转角铺作和平坐铺作之分。在斗拱的造型上，已相当明显地表现了斗耳、斗欹、拱眼和拱头卷杀，同汉代石墓中的斗拱甚为吻合。

屋顶形式也多样起来，庑殿、悬山、攒尖、歇山、囤顶等都已出现。其中主体建筑以四坡顶居多，悬山顶次之，在悬山顶下加单坡周围廊，是后世歇山顶的雏形。附属建筑如门廊、仓屋等，用两坡顶，也有用单坡、卷棚或囤顶的。屋顶的坡度平缓，檐口基本平直，但屋脊端部已有起翘；正脊中央常用朱雀等华丽的装饰，如河南

猪圈。据考古资料记载，春秋战国时代我国北方已出现猪圈与厕所相连的积肥方法，汉代又出现猪圈与作坊相连的陶模型。图为汉代陶制猪圈模型。

**105**

绿釉陶楼

灵宝县张湾东汉墓出土的陶楼所示。

建筑立面以一、二、三开间为多,大型仓楼有四、五开间的。住宅层数一至三层,仓屋一至四层,塔楼三至五层,其他房屋一般都是一层,只有大门上面有门屋的,才为二层。一般建筑的分间和塔楼角落,都用断面为方形的柱子,其他形式断面的柱子少见,可能是陶楼尺度太小,制作时不容易表现的缘故。

门多为板门;窗有棂条窗、支窗、漏窗和气楼天窗等几种;勾阑望柱有出头和不出头的两种;室外踏跺仅有阶梯形的"土戚",而无斜平面的"平",式样较简单。

某些陶楼前有庭院,入口处置双阙,阙间施以短檐,其中,甘肃武威雷台出土的东汉地主豪强住宅——坞壁明器,是陶楼中规模较大的:平面方形,周围有高墙环绕,四角各有两层角楼一座,角楼间有阁道相通,中央是五层塔楼一座。

在汉明器陶楼中,用梁架承重,坡屋顶以及院落式组合等中国传统建筑的基本式样已经清楚地表现出来。

现存汉明器陶楼多出土于甘肃、山东、陕西、河南、广东、湖南、四川等地,由此可以看出这些地区当时的建筑式样。陶楼种类有简单和复杂两种,前者如畜圈、碓磨、仓廪和井亭,后者如住宅、塔楼和坞壁。这些陶楼明器多是用灰陶或红陶制成,少数还涂有薄釉。正因为汉明器陶楼随葬,才使我们今天看到当时的建筑式样,以及中国传统建筑的发展脉络。

# 隶书定型——汉字进入今文字时代

在汉字发展史上，隶书的形成是一个十分关键的转折，它的定型，标志着汉字脱离了古文字时代而进入今文字时代，汉字从此进入了新的发展阶段。

隶书起源于战国时期，秦时已普遍流行于民间，在民间经过不断的加工和完善，到西汉晚期已达到成熟阶段，基本定型，是汉代的主要字体。

在不同的发展时期，隶书呈现出不同的特点，因而又被分为秦隶、汉隶和八分三种形式。早在战国时期，秦代的竹简文书，甚至在兵器、漆器、陶器、量器等铭文中已出现了笔划省减，直多弯少，书写草率的简体字，可谓隶书的雏形。秦始皇烧毁经书，扫荡了旧有典籍，选拔了大批官吏，官职繁多，文书也大量增加，为了适应这种需要，迫切需要一种简便的文字来代替复杂难识的籀体和篆体，隶书也就应运而生了。据晋代卫恒《四体分势》记载，

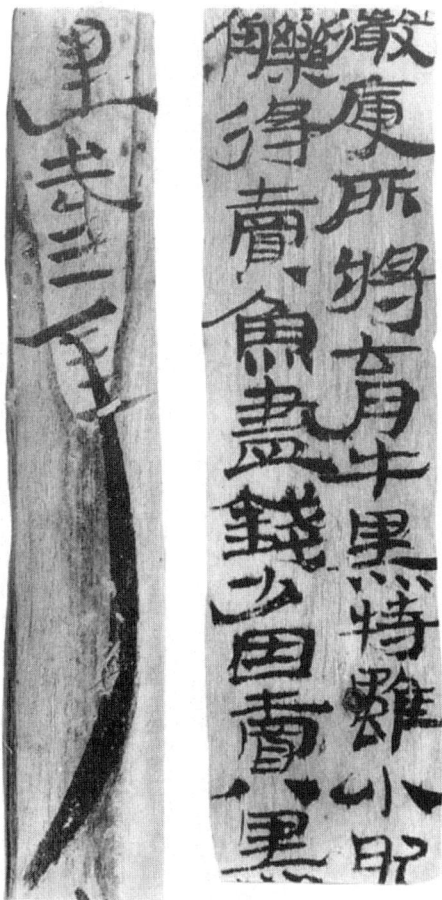

居延汉简。居延汉简的字体包括有隶书、章草与极少量的汉篆和装饰书体。多是下级卒吏的日常手迹，展现了汉代民间书法的多样丰采和韵致。既有粗犷、泼辣的野趣，又饱含了宽绰、恢宏和质朴的汉代书法艺术的气质。

**107**

刑徒墓砖铭。刑徒墓砖书写者的不同，也形成各种不同的风格和面貌。

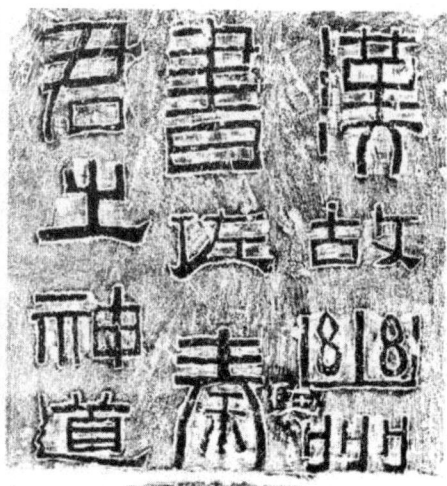

幽州书佐秦君石阙。体现了由古隶书演为今隶过渡阶段时的笔法特征。

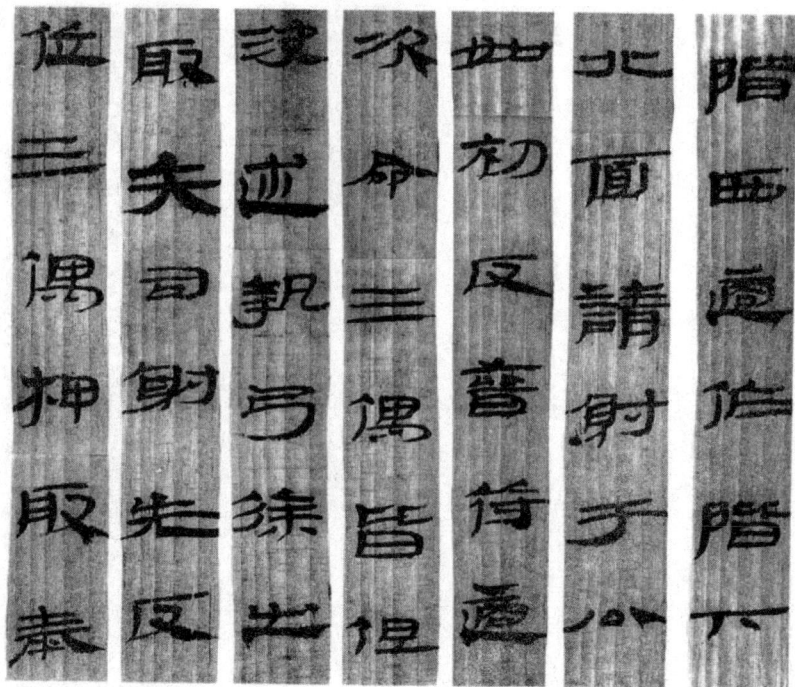

武威仪礼汉简

秦时的下等文人程邈担任衙狱官吏，因罪被囚禁了十年，在狱中，开展了改造文字的工作，对当时流行的许多字进行笔划的增减，将方的改圆，圆的变方，秦始皇得知后大加赞赏，让他出狱担任御史，命令他从事规范文字，他所改造后的字就是隶书。1975年湖北云梦睡虎地秦墓出土竹简1100余枚，简文是墨书的隶体，总字数约4万左右。既使在正规典型的小篆材料，秦权量诏书和秦代兵符中也不乏简草急就的例子，说明在秦始皇统一文字前隶书已作为一种新的字体出现。这反映出当时简体字已应用很广。

推行统一文字的政策，正如《说文·叙》所说："秦始皇统一天下以后，推行了一些统一文字的政策，最初确定以小篆来取代史籀大篆。"但秦代的统治时间短，小篆未能彻底推行。程邈改造后的隶书书写起来比小篆方便得多，更符合人民的需要，实际上，秦王朝是以隶文统一了全国文字。

汉代日常应用仍是隶书，但在形体和笔势方面都不断发展，逐步形成一种扁方、规整、捺笔上挑等讲究挑法、波势、波磔的书体，如西汉武帝到东汉光武帝时期的居延汉简和敦煌、新疆各地出土的汉简，就是典型的汉隶。

关于八分的具体内涵说法很多，有人认为由于这种书体以"字方八分"为大小的标准，有人认为由于这种书体字形较扁，笔画向两旁伸展，势"若'八'字分散"，还有托蔡文姬之名，说这种书体"割程（邈）隶书八分取二分，割李（斯）小篆二分取八分"，所以称为八分。我们把东汉中期熹平年间刊立的《熹平石经》为标准的笔划匀称，波势工整的隶体定为八分，魏以后便成为一个普遍的名称。

后人把魏晋南北朝以后的真书（楷书）也称为隶书，与行书、草书等相对，取其正式标准的意义。

从篆书到隶书的演进是汉字发展史上的一次大变革，从此汉字走向更简化、笔画化、定型化。

## 豪门重女乐·舞蹈成为独立表演艺术

秦汉时代，各朝统治者沉溺于声色享乐之中，宫廷豪门争相蓄养女乐。女乐是指年轻美貌、能歌善舞的女性乐舞伎人，夏桀时宫廷就有"女乐

西汉女坐俑　　　　　　　　　西汉拂袖舞俑

三万"，秦汉时俗乐百戏的繁荣昌盛是和女乐的艺术活动分不开的。

　　汉代，随着社会生产力的提高和经济实力的加强，统治者用于犬马声色的花费也逐渐增长，不仅皇宫后苑美人如云，连贵戚豪门也争相仿效。这一情况，许多史料文献都有记载。桓谭在《新证·离事》中提到"工倡"为宫中女乐、乐工等，专供皇室娱乐之用，歌舞作乐是皇亲贵戚奢侈淫靡生活的组成部分。《汉书·元皇后传》中记载了宫中女乐盛况，而仲长统则在《昌言·理乱篇》中指摘君主和贵族们"目极角抵之观，耳穷郑卫之声"，过于淫逸放纵。汉代贵族田蚡、宠丞张禹都喜好歌舞作乐，有后房女乐数百计。除皇室、贵族外，文人学士也喜女乐，《后汉书·马融传》就记载了马融这个有上千学生的博学多识的大学者，在教书授课的同时也不忘欣赏女乐的情形，可见当时女乐何等令人迷恋。

　　女乐的乐舞表演有其特有的魅力。有的女乐由宫廷和贵族之家进行了长期专门的培训，有的则是从民间特召入宫的优秀乐舞伎人。女乐的表演艺术

110

和当时民间广场表演的角抵百戏有极大的不同，女乐多在皇帝后宫、贵族厅堂表演，作为室内乐舞，大多委婉缠绵、抒情优美，能在一个不大的范围内造成某种十分浓郁的艺术氛围，使观众陶醉其中。

女乐是女性乐伎舞人的泛称，她们的身份各不相同，有的是奴隶身份的职业伎人"倡"，如汉代宫廷乐官李延年的妹妹李夫人就出生于世代为倡的"故倡"之家。有的是官宦豪门家属，称为"舞姬"，如秦始皇的母亲邯郸姬，还有汉高祖刘邦宠爱的戚夫人、汉少帝刘辩的唐姬等都是著名的豪门舞姬。另外还有一种介乎"倡"和"姬"之间的专业艺人称为"歌舞者"，原是社会地位卑下的家伎或一般平民女子，由于擅长歌舞、姿色超群而受到最高统治者的宠爱，封为夫人，甚至皇后、皇太后，如汉成帝刘骜的皇后赵飞燕等。

尽管汉代女乐如此兴盛，舞人乐伎很少传名后世，这是由于她们地位低下。即便艺貌超群得到最高统治者宠幸的少数人，也难逃悲惨命运。如汉高祖刘邦的宠姬—戚夫人，才艺出众，尤精舞蹈，既会"楚舞"，又会《于阗乐》，还善长"翘袖折腰之舞"。尽管刘邦生时对其呵宠备至，刘邦死后，戚夫人母子终是惨遭吕后毒手，儿子赵王如意被毒杀，戚夫人则被弄成手脚皆无，耳聋眼瞎的"人彘"。再如汉成帝刘骜的皇后——赵飞燕，是汉代最著名舞人，尤擅长一种舞步，"踽步"，这种舞步如花枝被风摇曳轻颤。相传赵飞燕"身轻若燕，能作掌上舞"。她的舞蹈技艺为后世文人提供了创作题材。尽管赵飞燕从歌舞伎人一跃成为皇后并专宠后宫，成帝死后，她仍先是被贬后来又被迫迁居，再被废为庶人最后被逼自杀。

从以上几位女乐、舞人的事迹来看，汉代舞蹈艺术，虽多与"百戏"组合演出，但已逐渐发展成一种较成熟的独立的表演艺术形式，自幼经过长时间严格训练的专业舞人，舞蹈技艺水平相当高。"翘袖折腰"是舞蹈者身体软度和手臂力量与灵巧协调配合的标志。"身轻如燕，能作掌上舞"是弹跳力、控制力及呼吸运气功夫的标志。"踽步"则标志着连接与过渡各种舞姿、造型、动作组合的重要手段——舞步，有了独特的创造和长足的发展。这反映汉代舞蹈，在艺术与技术、训练与表演，以及运用各种技艺手段表现内在感情、创造舞蹈意境等方面，已经达到了一个较高的水平。

说话 中华文明

## 约 10 ~ 8A.D.

# 西汉

汉并天下

8B.C. 汉绥和元年

雕朔家丁缓在成帝时制成博山炉，镂空九层，玲珑剔透。

7B.C. 汉绥和二年

刘歆代父领校秘书，总理群书著成《七略》。

成帝死，皇太子前定陶王欣嗣位，是为孝哀皇帝。

6B.C. 汉哀帝建平元年

刘歆请立古文《诗》、《书》、《礼》等博士，被今文经学博士阻止，刘歆移书责让，今古文经学之争趋于高潮。

2B.C. 汉元寿元年

大月支使者伊存使汉，为博士弟子景卢（一作秦景宪）口授《浮屠经》。

2A.D. 汉元始二年

是岁，全国有户一千二百二十三万三千，口五千九百五十九万四千九百七十八。

4A.D. 汉元始四年

二月，王莽加号宰衡，奏起明堂、辟雍、灵台。升王莽位在诸侯王上。

古文经学博士开始设立。

5A.D. 汉元始五年

十二月，王莽毒死平帝，居摄践祚，称"假皇帝"。

7A.D. 王莽居摄二年

五月，更造钱币，有错刀、契刀、大钱三品。三辅二十三县豪族及人民纷纷起兵讨王莽。

8A.D. 王莽居摄三年初始元年

十一月甲子，王莽改居摄三年为初始元年。戊辰，王莽即真天子位，定国号曰"新"。

8B.C.

屋大维立提比利乌斯为摄政。分罗马城为十四区，以便管理。又分意大利为十一区。各地立奥古斯都生祠，尊之为神。

4B.C.

耶稣·基督诞生。

2A.D.

罗马元老议会上屋大维"祖国之父"的尊号。

5A.D.

奥维德作《变形记》。

112

# 中国最早的传统农书《氾胜之书》成

氾胜之像。《氾胜之书》是我国第一部那个个人独立撰写的最早的农书，也是世界上最早的农学专著。

西汉成帝（前32～前8）时，著名的农书《氾胜之书》成书。

氾胜之，西汉山东人，生卒年不详。他在汉成帝时出任议郎，曾在包括整个关中平原的三辅地区推广农业，教导种植小麦。在总结农业生产经验的基础上，氾胜之写成了农书18篇，这就是《氾胜之书》。

《氾胜之书》，原名《氾胜之》，著录在《汉书·艺文志》中，《隋书·经籍志》始称为《氾胜

杂粮。中国是世界栽培植物的主要起源地之一。图为甘肃敦煌马圈湾出土的汉代豌豆、青稞、大麦等。

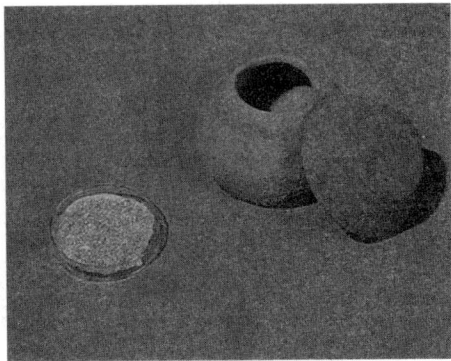

粟。粟，古代称禾、谷或谷子，其籽实称小米。粟的种植历史悠久，它是从狗尾草一类野生植物驯化而来的。图为河南洛阳出土的西汉时的粟子。

大豆，原产中国，古称菽，我国古代五谷之一。

之书》，以后沿用此名。原书约在北宋初期亡佚，现存的《氾胜之书》是从《齐民要术》等一些古书中摘录的原文辑集而成，约3500字。内容有耕田总原则、耕作的具体方法如溲种法、穗选法、区田法等，以及禾、黍、麦、稻、稗、大豆、小豆、枲（纤维用大麻）、麻（子实用大麻）、瓜、瓠（葫芦）、芋、桑等13种作物的栽培技术。其中在耕田总原则中，针对关中地区春旱多风的情况，首次提出"凡耕之本，在于趣时，和土、务粪泽、早锄早获"，这是迄今仍在沿用的耕作原则。溲种法，是将兽骨骨汁加粪调糊成稠粥状，用以淘洗种子然后播种。氾胜之认为溲种可以防虫、抗旱、施肥，保证丰收。实验证明确实如此。区田法，又称区种法，其基本原理是不必平整土地，只要"深挖作区"（区：凹的意思，义同窝），在区内集中作用人力物力，加强管理，合理密植，保证充分供应作物生产所必需的肥、水条件，发挥作物最大的生产能力，提高单位面积产量，同时扩大耕地面积，把耕地扩展到不易开垦的山丘坡地。

《氾胜之书》是现存最早的一部农书。它总结了北方旱作农业技术，对传统农学产生了深远影响。《齐民要术》直接引用前人的著述，以《氾胜之书》为最多。该书所记载的一些农业技术，也为后来的农书所继承和发展，现代山西、陕西、山东等地耕种所采用的"掏钵种"或"窝种"，其原理与区田法是一致的。

该书列举了十几种作物具体

水稻。图为安徽含山大成墩出土的新石器时代炭化稻谷（左）和长沙马王堆汉墓出土的西汉水稻。

的栽培方法，奠定了中国传统农学作物栽培总论和各论的基础，而且其写作体例也成了中国传统性农书的重要范本。

## 氾胜之推行区田法

西汉时期，牛耕更加普遍，铁农具进一步推广，水利工程大量兴建，大大促进农业生产的发展，农业耕作技术也有所提高。

西汉后期，氾胜之在田川种法和代田法基础上，又总结出一种新的园田化的耕作方法——区田法。成帝时得以推广。其具体作法：一是开沟点播，将大块土地分成许多小区，再在每小块地上开深沟，作物即点播在沟内。二是坑穴点播，在土地上按等距离挖方块或圆形的坑，坑的大小、深浅、方圆、距离随作物不同而异，作物即点播在坑内。种植禾、黍、麦、大豆、胡麻等，用开沟点播；种植粟、麦、大豆、瓜、芋等用坑穴点播。区田法还须点播密植；在播种前要用肥料和可防虫的物质处理种子，叫"溲种"；播种后要注意中

拾粪画像砖

《耕织图》中的施肥情景

双侧辟土。西汉铁制耕犁翻土器。

耕除草、保墒和灌溉。区田法由于集中使用水肥，精耕细作，大大提高了单位面积粮食产量，而且，它既可适用于平地和熟田，又可在坡地和荒地上实施，有利于扩大土地利用范围。

## 师丹主张限制占田

西汉后期，随着土地兼并的加剧，社会矛盾越来越尖锐。

为了缓和土地兼并加剧的危机，绥和二年（前7），大司马师丹向汉哀帝提出建议：如今天下承平日久，豪富人家累积巨资，而贫民愈来愈

桑园画像砖。此画像砖构图简洁，仅用线条和浮雕勾划出一片繁茂的桑园。

贫困，应当适当地加以限制。哀帝将他的建议下达给群臣商议，丞相孔光、大司空何武等人予以支持，并提出具体方案。其规定如下：诸王、列侯以下至吏民，占田以 30 顷为限；占有奴婢，诸王不得超过 200 人，列侯、公主不得过 100 人，列侯以下至豪富吏民不得超过 30 人；商人不得占有田地，也不得做官。此法遭到贵族官僚地主的反对，最终未能实行。

## 《太玄经》成书

元寿元年( 前 2 )，汉黄门侍郎扬雄模仿《周易》和《易传》撰成《太玄经》。《太玄经》是一部哲学著作，其哲学体系建立在以"玄"为核心的思想基础之上。"玄"就是玄奥，取老子"玄之又玄"之意，但它究竟是精神的，还是物质的，作者却没有说明，因而引起哲学史上的长期纷争。但其中包含着辩证法因素却是确信无疑的。《太玄经》内容主要来源于《周易》和《老子》，又夹杂了阴阳五行学说，论述了天地万物的形成和转化，对于祸福，动静，寒暑，因革等对立统一关系及其相互转化加以阐述，认为事物都是按一至九的九个阶段发展的，《太玄经》力求通过其赞诗描绘事物由萌芽、发展、旺盛，至衰弱以至消亡演变的全过程，从而批判了当时的宗教迷信和谶纬思想。杨雄盛衰、因革相互推移的辩证思想又成为他政治革新的思想基础。《太玄经》用三分法，在空间上，分为 3 方、9 州、27 部、81 家，243 表，729 赞，在时间上，综合方、州、部、家、叠为 81 首，相当于《周易》的 64 卦，它每首 9 赞，共计 729 赞，相当于《周易》的 384 爻，赞辞相当于爻辞，另仿《周易》十翼作《玄冲》，《玄离》等 10 篇补充说明。书中运用阴阳、五行思想和当时的历法成就，以占卜的形式，描绘了一个世界图式，反映了汉代象数学的某些新成就。

## 贾让提出治河三策

贾让是中国西汉筹划治河的代表人物，生卒年不详。因提出治理黄河的上、中、下三策而著名。当时黄河频繁决口，灾患严重。朝廷征集治河方案，

黄河金堤。春秋秦汉时期开始修筑，后经历代兴修加固，终成金堤。

汉绥和二年（前7），贾让应诏上书。内容包括：上策主张不与水争地。针对当时黄河已成悬河的形势，提出人工改道、避高趋下的方案。他认为，实行这一方案，虽要付出重大代价，但是可以使"河定民安，千载无患"。中策是开渠引水，达到分洪、灌溉和发展航运等目的。他认为这一方案不能一劳永逸，但可兴利除害，能维持数百年。下策是保守旧堤，年年修补，劳费无穷。

贾让治河三策具有以下特点：①第一次全面地对治理黄河进行了方案论证，较完整地概括了西汉治黄的基本主张和措施。②首次明确提出在黄河下游设置滞洪区的思想。③论证方案时首次提出经济补偿的概念，主张筹划治河工费用于安置因改道所需的移民。④提出综合利用黄河水利资源，具体论证开渠分水有三利（低地放淤肥田，改旱地为稻田，通漕运），不开则有三害（民常忙于救灾，土地盐碱沼泽化，决溢为害）。⑤分析了黄河堤防的形成、发展过程及其弊端。由于上述特点，他的治理黄河三策对后世治河产生了重要影响，是古代治河思想方面的重要遗产之一。

# 古文经立于学官

平帝元始五年（5），王莽下令在太学中设立《毛诗》、《逸礼》、《古文尚书》、《左氏春秋》等四家古文经学博士，古文经学得到官方承认。

汉武帝罢黜百家之后，所流行的经籍都是用通行于当时的今体文字——隶书抄写的，故称"今文经"。后来逐渐发现部分用战国时期的篆文书写的儒家经典，称为"古文经"。"古文经"长期由民间私人传授，没有设立学官。今、古文经的差异不仅是在读和写上，而且在文字训诂和内容解释上也不同，是不同政治观念和历史观念的表现。到成帝时，刘歆协助父亲校书，发现了用古体字写的《春秋左氏传》、《毛诗》、《逸礼》、《古文尚书》，并了解到这些古文经在民间的传授情况。

建平元年（前6），刘歆任光禄大夫，请求在学官设置《左氏春秋》、《毛诗》、古文《逸礼》、古文《尚书》等课程。哀帝命令诸博士与刘歆辩论。诸博士都是学习今文经，恪守家法，排斥古文，力持异议，不肯辩论。刘歆便向丞相孔光请求支持，也遭到冷遇。于是他会同观点一致的五官中郎将房凤、光禄勋王龚一起宣扬古文经，今、古文经的争论达到高潮。古文经学开始向今文经学的官方垄断地位公开挑战。

后来王莽当政时，为了替自己篡位和托古改制寻找舆论工具，支持刘歆，终使古文经学成为官学，广为传播。

汉并天下

## 梅福请封孔丘之后

绥和二年(前7),梅福本年上奏刘骜(成帝),请封孔丘之后,以奉汤祀,刘骜许之,遂下诏封孔丘世为殷绍嘉公。

梅福字子真,九江寿春人。少时学于长安,明《尚书》、《谷梁春秋》,为郡文学,补南昌尉。敢直言相谏,指斥专势擅朝的大将军王凤,不为元帝所喜。刘骜久亡继嗣,福以为宜建三统,封孔丘之世以为殷后,此所谓存人以自立者。梅福指出:今成汤不祀,殷人亡后,陛下继嗣久微,殆为此也。孔丘故殷后也,虽不正统,封其子孙以为殷后,礼亦宜之。今孔丘之庙不出阙里,孔丘子孙不免编户,以圣人而歆匹夫之祀,

唐吴道子所作《先师孔子行教像》碑

非皇天之意也。今陛下诚能据仲尼之素功,以封其子孙,则国家必获其福。然元帝终不见纳。至刘骜时,梅福复上书言宜封孔丘之后,以奉汤祀。绥和元年(前8),立二王后,推迹古文,以《左传》、《谷梁》、《世本》、《礼记》相明,遂下诏封孔丘世为殷绍嘉公。

## 《山海经》基本完成

《山海经》是中国古代的地理著作,今传本是经西汉末年刘向、刘歆父子校刊整理的,共18卷,包括《山经》5卷,《海经》8卷,《大荒经》4卷,《海内经》1卷,31000多字。原有图,早已亡佚,今本的图是后人补入的。

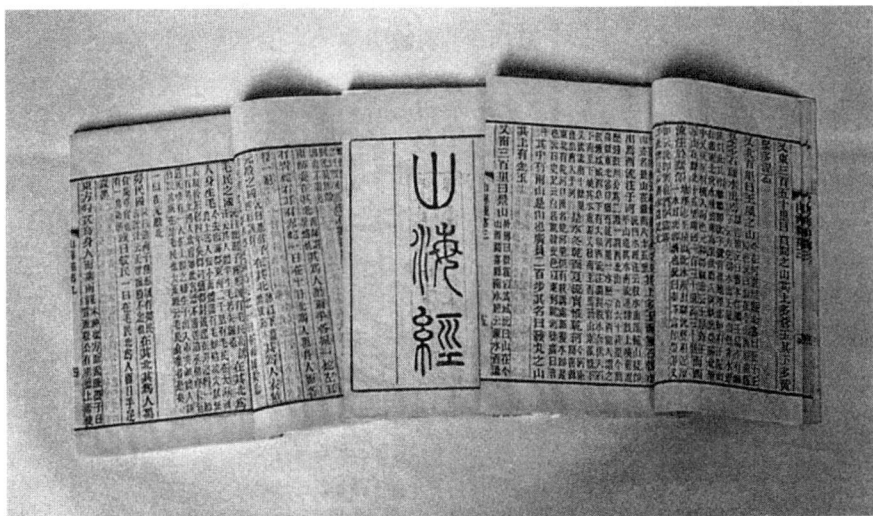

《山海经》书影

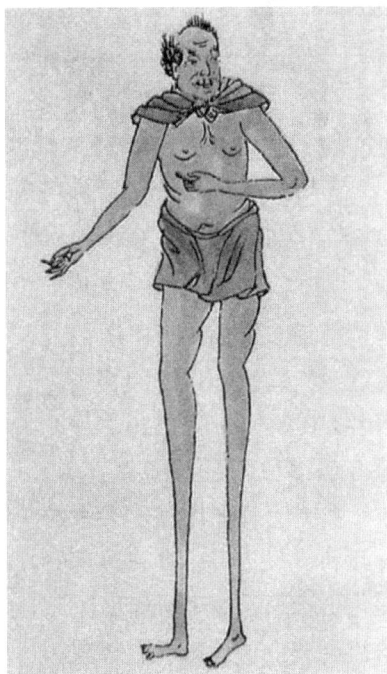

三首国人(左), 长股国人(右)

汉
并
天
下

刑天。《山海经·海外西经》说，刑天
与黄帝争位、厮杀，最后被黄帝砍断了头，
把他葬在常羊山麓。刑天虽断了头，却
仍不泯志。他以拳头为目，以肚脐为口，
操盾牌、大斧继续挥舞，与黄帝再决雌雄。

　　关于该书的作者已不可考，旧传是
禹、益所作，还有说是出自"禹鼎图"，
都不可信。《山海经》中的《山经》和《海
经》各成体系，成书年代也不相同。《山
经》是巫祝之流根据远古以来的传说记
录的巫觋之类，记述了海内的各名山大
川，动植物，祯祥怪异，祭祀。一般认
为成书于战国初期或中期。《海经》记
载海内外各方异域的传闻，包括大量神
话传说，大约是秦汉之际的作品，为方
士所作。刘氏父子在校订《山海经》时，
曾删除了部分内容，这部分独立以《大
荒经》和《海内经》流传，晋郭璞注《山
海经》时重新录入，并使其独立成篇。

　　《山海经》的形成，经历了从公元
前5世纪春秋，战国之交开始，延续此
后约300年的漫长历程，是这一时期世
界地理知识的汇集。它所记的内容相当
丰富，涉及范围很广，包含了古代山川，
道里，历史，民族，物产，医
药，祭祀，巫术，动物，植物，
矿产等诸多方面。书中所记人
名达140多个，山名300多个，
水名250多个，动物120多种，
植物50多种，还有许多矿产等。

　　书中记载和保存了大量的
神话和古代传说，具有很高的
文化史价值，对于研究中国原
始社会和上古的姓氏、部族，
以及考察上古人的宇宙观、自

《山海经》记载何罗鱼

剑门。《山海经》称之为"高粱之山"。

然观和对社会历史的认识，意义十分重大。许多神话传说依图撰文，如夸父
逐日，后羿射日，精卫填海，舜葬苍梧，羲和洛日，西王母使青鸟，王亥仆
牛等，形象都异常生动。表现了先民改造自然的伟力和不屈精神。

　　《山海经》比较详细地记载了上古的帝系。居住在天上的天帝共 12 人，
以及他们的妻子和儿女和儿女们建立的下界社会，还有帝俊，不属三皇五帝
之列，其 12 条材料与其他天帝无一重复，并把农、工、车、舟、琴瑟、歌舞
的发明归功于他，可能还与天文历法有很大关系。他也许是东方智慧神的象
征。此外还记载了一些人王和他们的事迹，如大禹治水，禹所积石，禹攻共工，
启上嫔于天等。对于研究中国民族史和早期社会的历史有重要的价值。《山
海经》中包含了我国早期的域外知识，反映了许多中国人对域外地理的认识，
例如当时对日本、朝鲜已经相当了解，尤其是有关日本的地理、风俗、饮食、
服饰的记载十分详尽。《海外北经》中还记载了当时蒙古、阿尔泰山以西、
哈萨克等地的情况，那些很古怪的国名，如跂踵国、拘缨国、夸父国等等称
呼的就是这些地区的一些国家和民族。沃民国大约是《山海经》中中国人所
知道的最西方的国家。《海外南经》记述的是广西、广东和北部湾附近的一
些地方的情况。总之，《山海经》包含了我国早期人民丰富的地理知识和对
周邻民族的认识，展现了一幅关于中华文明最古老的立体地形图。

**123**

## 刘歆造《三统历》

　　西汉末年，刘歆将太初历改造成《三统历》，并用他的相生五德终始说，撰附了《三统历谱》。三统历使用的仍是太初历的数据，其所以用三统命名，是因为从太初历历元时刻起算，经过 1539 年之后，朔和冬至又回到同一天的夜半，所以 1539 年为一统；经过 3 个 1539 年后，朔和冬至又回到同一个甲子日的夜半，故谓之三统。刘歆认为，每过一统就要改换一个朝代，也就要改一次正朔，易一次服色，从而体现出接受这一统的天命。实际上，作为王莽国师的刘歆，提出三统的学说无非是为王莽代汉制造舆论。

　　作为一个卓有成就的天文学家，刘歆也有一些值得称道的发现，比如他曾计算出朔望月数值为 29.530496 日和回归年数值为 365.2456 日，相当精确。可是为了维护三统历法体系，这些数据并没有引入历法。

## 槐市兴起

　　公元前 1 年，王莽做大司马录尚书事，下令征集天下通晓古今经文及天文、历算、兵法、方术（医学）、本草（药学）的士人数千人到京师长安。又增多太学生名

东门市画像砖

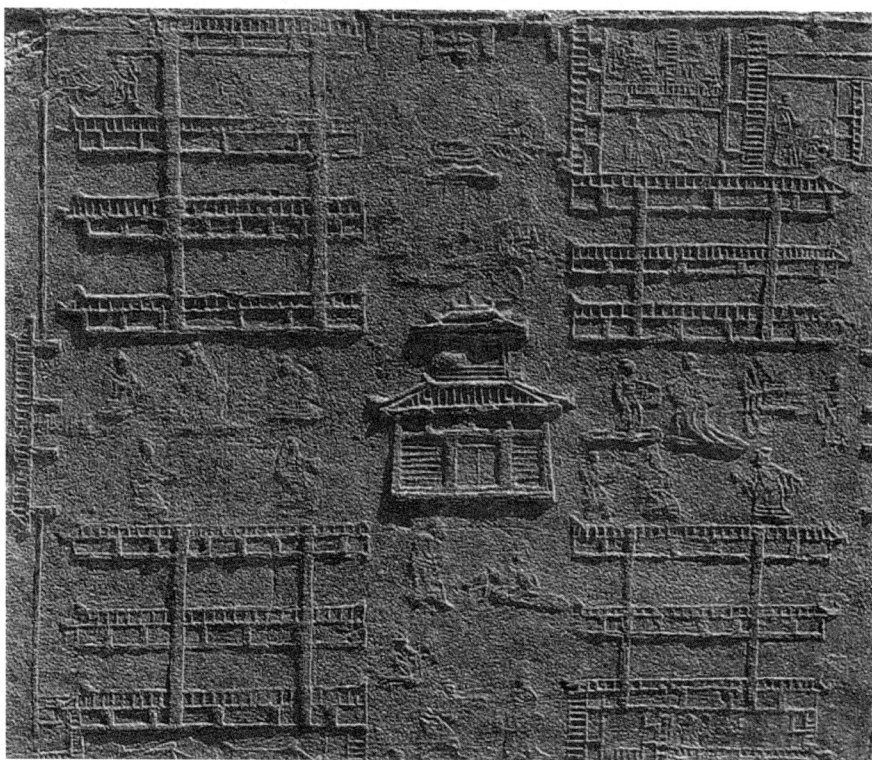

市井图画像砖

额，扩大学舍使之能容纳 10800 人，众多士人和太学生的聚集，扩大了对书籍的需求。于是每逢农历初一、十五，在长安城东南、太学附近，士人和太学生多会于槐树林下，"各持其郡所出货物及经传书籍、笙磬乐器，相与买卖，雍容楫让，或议论槐下"（引自《三辅黄图》）这就是中国西汉时期长安买卖书籍的集市，因为那里槐树成林，没有墙屋，故而得名为"槐市"。

槐市兴于西汉末期，历时 20 年。更始元年（23），王莽政权崩溃，在战乱中太学解散，槐市也随之消失。

**125**

## 佛教传入中国

元寿元年（前2），博士弟子景卢从大月氏王使臣伊存授浮屠经。这是佛教思想传入中国的最早文献记录。

佛教发源于古印度，两汉之际，佛教主要经由西域传入中国内地。关于佛教传入中国有两种说法。一者认为，西汉武帝时（前140～前86），张骞通使西域，从此开辟丝绸之路，印度佛教就经过中亚诸国，顺着这条经济文化渠道而进入了中原。《三国志》卷三十注引《魏略·西戎传》称："天竺

蓝白染花棉布。中央主题佛像已缺，佛像左侧为小方块纹边饰，下面为龙与鸟兽纹边饰。推测原件为较巨幅的蜡染装饰性宗教画。

汉代铜四人博戏俑

又有神人,名沙律。昔汉哀帝元寿元年,博士弟子景卢受大月氏王使伊存口受《浮屠经》,日复立者,其人也。"认为西汉末佛教已传入中国。另一者认为,佛教在东汉初传入中国。东汉明帝曾派蔡愔、秦景出使天竺,蔡愔和沙门摄摩腾,竺法兰回到洛阳,在洛阳建立白马寺。

东汉初年(25)后,上层权贵已有信佛的人,但只是把佛陀依附于对黄老的崇拜。在一般人心目中,佛教教义与黄老之学宣传的道教理论相类似,佛陀类似于神通广大的神仙。东汉时期一直把黄老浮屠混而为一,信奉的人也多是西域僧人。由于佛教依附于黄老道术,不能够充分显示自身的特色和力量,所以不能够引起社会强烈关注。直到汉末,情况才开始有所改变,在地方和民间佛教信徒才一天天增多起来。

东汉时期是佛教传入中国之后的第一个阶段,它的特点是不举行太多的外在活动,而把主要精力用在传经、译经、积蓄力量上面。最早的汉译佛经是《四十二章经》。安息国僧安世高于桓帝间来洛阳开始译经,在20多年中共译经34部40卷,主要有《安般守意经》、《阴持入经》、《人本欲生经》、《大十二门经》、《小十二门经》、《道地经》等,介绍小乘禅法。月氏僧人支娄迦谶于桓帝末年至洛阳,灵帝间译出佛经14部27卷,如《般若道行品经》、《首楞严经》、《般舟三昧经》等,都是大乘佛教经典,向中国人首次介绍了印度大乘般若学的理论。

**127**

## 汉哀帝死·王莽秉政

元寿二年（前1）六月，汉哀帝刘欣25岁时因荒淫过度死于未央宫，同年十月被葬于义陵（今陕西西安市郊）。

哀帝死后，太皇太后王政君即往未央宫收取御玺，又派使者召回王莽，命令尚书、所有发兵符节、百官奏事、中黄门和期门兵都属王莽统辖。同月，哀帝时以男色得宠至高位的大司马董贤被罢免，当日自杀。王太后命令公卿大臣推举可担任大司马的人选。大司徒孔光和大司空彭宣都推举王莽，前将军何武和左将军分孙禄则互相推举。王太后于是任命王莽为大司马，并负责尚书事务。

七月，太皇太后和王莽命令车骑将军王舜、大鸿胪左咸持符节前往迎接中山王之子刘衍，把他立为皇太子。八月，大司空彭宣不满王莽专权，上书自请告老还乡。于是王莽禀告太后，免彭宣职，任命王崇为大司空。九月，刘衍即皇帝位，当时年仅九岁，由太皇太后临朝听政，大司马王莽把持朝政。文武百官便克制自己的言行，听命于王莽。同月，王莽贬孔光为平帝太傅，任命马宫为大司徒。

## 王莽诛除异己

元始三年（3）夏，王莽为了巩固自己的权力地位，上书给太皇太后，建议排斥平帝外戚卫氏，以免重蹈哀帝尊显外戚丁、傅两家而排斥王家的覆辙。于是，派甄丰携绶带，就地赐封平帝之母卫姬为中山孝王后，赏赐平帝的舅父卫宝、卫玄关内侯爵位，让他们都留在中山国，不准进京。

王莽的儿子王宇害怕日后遭祸，反对王莽排斥卫氏，并暗地里写信给平帝的舅父卫宝，让平帝之母卫姬上疏，请求进京。但王莽拒不答应。王宇便和老师吴章、内兄吕宽一起密谋，想通过制造怪异现象恐吓王莽，迫使他把政权移交给卫氏。事情暴露后，王莽将王宇逮捕下狱，逼他服毒而死。同时将吴章腰斩，并诛杀卫氏所有亲属。而且，王莽还进一步以此案为借口，追究迫害有关皇族及大臣，被牵连在内有：敬武公主（元帝之妹），红阳侯王立（王莽之叔），平日为人忠直不肯依附王莽的大臣，以及名臣何武、鲍宣等，多达数百人，都被判处死刑。天下为之震惊。

初始元年（8）十一月，期门郎张充等六人策划绑劫王莽，立宣帝曾孙楚王刘纡为帝。事情泄露后，王莽将六人处死。

这一系列诛除异己的行动是王莽篡汉自立的前奏。

# 王莽托古改制・摄位篡汉

公元 8 年 12 月，王莽伪称顺应天命，篡汉自立为皇帝，改居摄三年为初始元年。

平帝元始元年（1）正月，王莽辅助幼主，自以为功比周公，想昭示天下人，为自己邀功请赏。他便暗示益州郡官吏命令郡外的越裳氏进献一只白雉两只黑雉。又建议王太后下诏，将白雉进献祖庙。于是群臣盛赞王莽有安定汉朝的大功，提议赐号称"安汉公"。王太后同意。王莽再三推辞后方接受尊号。后又暗示公卿上奏：太后年事已高，不应亲自处理小事。于是，太后下诏除赐封爵位一类大事外，其他政事都由安汉公和四位辅臣商议处理。这样，王莽的权力几乎等同国君。

元始四年（4），根据古时周公为周朝大宰、伊尹为商朝阿衡的旧事，为王莽加封号"宰衡"，以示尊重，居上公之位。同年夏天，王莽为了笼络儒生，为代汉自立、膺受天命作舆论准备，上奏兴建明堂（古时天子举行重大典礼之所）、辟雍（天子所设的大学）、灵台（天子观象、望气之台）；并为学者筑学舍万间，征召天下硕学异能之士。先后来到京师的达上千人。

元始五年（5）五月，以富平侯张纯为首的 902 名公卿大夫、博士、列侯、议郎等联名向太皇太后上书，称颂王莽功德比伊尹与周公，请加"九锡"。太皇太后便下诏赐给王莽"九锡"的待遇。同年十二月，王莽见平帝为母卫后被留在中山国而愤愤不平，便在年终大祭时奉上椒酒，置毒酒中，毒死了 14

岁的平帝。平帝死后，前辉光谢嚣上奏太皇太后说：武功（今陕西郿县东）有人在打井时得一白石，上刻"告安汉公莽为皇帝"。王莽便指使同党向太皇太后上书，要求让他代天子临朝。太皇太后无奈，只好顺从这一要求，由王莽摄政，称为"摄皇帝"。次年，王莽改年号为居摄元年。三月，王莽立年仅两岁的刘婴（宣帝玄孙）为皇太子，号称"孺子婴"，以效仿周公摄政旧事，为代汉自立作准备。此后数年间，关于王莽应代汉称帝的符命图谶频繁出现。

　　居摄三年（8）十一月，未央殿前出现铜符帛图，上面写着："天告帝符，献者封侯。承天命，用神令"数字。王莽认为是摄皇帝将要成真皇帝的征兆，便改年号为"初始"。不久，梓潼（今属四川）人哀章制作铜匮，内藏"天帝行玺金匮图"与"赤帝玺某传予黄帝金策书"，伪托高祖遗命，令王莽称帝。随后捧铜匮至高帝祠庙，交给高庙仆射。仆射将此事报告了王莽。王莽便到高帝祠庙接受铜匮，然后戴上王冠进见太皇太后，转身坐在未央宫前殿，即真天子位。定国号为"新"，以十二月朔（初一）为始建国元年正月朔，服色尚黄。至此，西汉灭亡，王莽达到了他的托古改制，篡汉自立的政治野心。

"大泉五十"铜范。王莽托古改制，进行了四次币制改革，先后实行37种不同质地、不同式样、不同单位的货币；尤其是新莽政权五物六名二十八品的"实货"制，繁琐混乱，为世界货币史上所仅有。值得一提的是，王莽时期钱币铸造精美，图为7年"大泉"铜范。

新

朝

约 9 ~ 15A.D.

# 新朝

**9A.D. 新皇帝王莽始建国元年**

罢错刀、契刀及五铢钱，更作大小钱二品；防私铸，禁民不得挟铜炭。四月，徐乡侯刘快起兵反新，败死。更天下田曰"王田"，奴婢曰"私属"，皆不得买卖。

刘歆被王莽任为"国师"，歆所鼓吹的古文经学成为王莽代汉自立、托古改制的重要依据。

是年起，遣使赴西域、匈奴、西南夷收回汉印绶，颁授新室印绶，少数民族君长原称为王者悉改为侯，并将汉原封号改为含有侮辱性的封号，引起周边各民族或国家的不满和反叛。

**10A.D. 新始建国二年**

二月，废汉诸侯王为民。制五均、六筦、赊贷之法，十二月，诏改匈奴单于为降奴服于，遣百八十人、甲卒三十万名攻匈奴，预分其地为十五国。作宝货一钱货六品、金货一品、银货二品、龟货四品、贝货五品、布货十品一凡六名，二十八品；重私铸之罚，禁挟五铢钱。禁吏民为符命。

**11A.D. 新始建国三年**

遣使诱赂匈奴呼韩邪单于诸子。以击匈奴，征发苛急，人民流亡。

**12A.D. 新始建国四年**

春，以长安为西都，洛阳为东都；并定九州之制、五等爵之员额。

**14A.D. 新天凤元年**

第四次改币制。

**15A.D. 新天凤二年**

春，改匈奴单于为恭奴善于。五原、代郡民纷纷起事，遣将击之。


**9A.D.**

罗马日耳曼人大败罗马军于条托搏格森林，从此屋大维放弃征服莱因河以北之志。

**12A.D.**

新皇帝王莽强令发兵助击匈奴，兵多逃亡，群攻新之辽西，新怒，贬号为"下句丽侯"。

元老议会通过任提庇留为终身保民官，并与屋大维同为罗马军统帅。四月三日，屋大维将其遗嘱置于维斯达处女祠（罗马的灶神），指定以提庇留为其继承者。

**14A.D.**

八月十九日，奥古斯都屋大维死。元老议会推选屋大屋之继子提庇留为奥古斯都（在位年代公元14 ~ 37）。

# 王莽改制

　　初始元年（8），王莽篡汉自立为皇帝，改国号为"新"，为了缓和尖锐的阶级矛盾，先后颁发了一系列诏令，进行改制。

新莽"始建国元年"铜方斗。此方斗制作极为规整，为新莽标准容器之一。

　　始建国元年（9），王莽下令将全国土地改为王田，奴婢改名为私属，均不准买卖。还规定一家男子不超过 8 人而占田数额超过一井（900 亩）的，应将多余的田分给九族乡邻中无田或少田的人；原没有土地的也按一夫一妇授田百亩的制度授与田地。

　　始建国二年（10），王莽下令实行五均、赊贷和六筦法。在长安、洛阳等大城市设立五均官，负责管理工商业经营与市场物价，收取工商税。赊贷规定由政府办理，年利息为十分之一。五均赊贷，加上政府经营的盐、铁、酒、铸钱和收山泽税，合称为"六筦"。

　　从居摄二年（7）到天凤元年（14），王莽进行了四次币制改革。居摄二年（7），他下令铸造大钱、契刀、错刀，与汉五铢钱共为四品并行于市。两年后，复改币制，废除错刀、契刀、五铢钱，另铸一铢小钱与十二铢大钱并行。始建国二年（10），三改币制，把货币总称"宝货"，分成钱货、金货、银货、龟货、贝货、布货，总称"五物、六名、二十八品"。天凤元年（14），

新莽地皇年间包芒、蓐收壁画。此墓后室东西北三壁上方之拱眼壁上，共绘十二幅神怪像，这是其中的两幅。

**133**

四改币制又实行金、银、龟、贝等货币，废除大、小钱，改行货布、货泉二品。

始建国元年（9），王莽下令制造标准的度量衡器，颁行天下，作为统一全国的度量衡标准。

此外，王莽对中央和地方的官名、官制、郡县地名、行政区划，也屡加改变。

王莽这些改革，有些措施触到了当时社会重大问题，但并没有起到维护新莽政权的作用，相反，改制或多或少触及了大地主商人的利益，加剧了统治阶级内部矛盾。制度本身的弊病，给人民带来了更大的灾难。因此很快导致了王莽政权的覆灭。

## 扬雄作《剧秦美新》

新莽天凤元年（14）的量器湿仓平斛

新莽始建国元年（9），扬雄为中散大夫，效命王莽新政权。为了得到王莽赏识，实现自己的政治理想，他校仿司马相如的《封禅文》作《剧秦美新》一篇，奏献三莽。文中批划秦朝的种种接政，极力赞颂王莽建立的新朝顺应天命，祥瑞屡见，又仁德普施。文教昌明。文章旨在为王莽政权的合法性制造舆论。

## 行五均、赊贷及六筦之法

始建国二年（10）二月，王莽下令实行五均、赊贷、六筦之法。

五均赊贷是政府对城市工商业经营和市场物价进行统治与管理，并举办官营的贷款业务。具体办法是：在长安及洛阳、临淄、邯郸、宛、成都等五大城市设立五均官，改市令（长）为五均司市师，下设交易丞5人，钱府丞5人。其职责主要是平准物价。司市官在四季的中间月份根据实际情况定出合理价格，作为"市平"，即市场标准价格。若市场价格高于"市平"，司市官就以"市平"抛售物资；若市场价格低于"市平"，则听任民众自相买卖。此外，五均官还负责征收工商税，并经营对平民的赊贷。规定贫民遇有丧葬、祭祀

新莽铜嘉量铭。嘉量制造精湛，是研究新莽度量衡制度的重要实物；而且书法艺术性很高。虽是小篆体式，但结体宽博，笔划方折，竖画垂长，字形呈纵势，上紧下松，已是汉篆的风貌。

或想经营工商业而无资金的，可向钱府丞贷款。祭祀贷款限十天归还，丧事限三个月归还，都不收利息；工商贷款每年要交十分之一的利息。

五均赊贷与政府实施经营的盐、铁、酒、铸钱和收取山泽税，合称为"五均六筦"。

由于王莽政权的腐朽，推行上述政策官员多出身大工商主，他们与地方豪富吏民狼狈为奸，操纵物价，假公济私，强取百姓货物，中饱私囊，至使广大中小工商业者甚至居民深受其害。五均六筦成了对百姓的暴政。

# 最早的游标卡尺出现

新莽时期，汉朝人制造的一种铜卡尺，是我国迄今发现最早的游标卡尺。

现代的游标卡尺是一种精密的端面长度计量器具，主要由主尺、固定卡尺、游标架、活动卡尺、游标尺、千分螺丝滑块等部分组成。王莽时期的铜卡尺从原理、性能与用途来看同现代的游标卡尺都极为相似。这件铜卡尺全

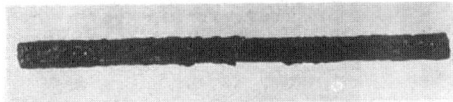

西汉错金铁尺。为了使统一的度量衡器经久耐用，大都使用铜质或铁质等金属材料制作，这样也有利于度量衡器的准确性。

西汉木尺

铜卡尺。王莽时期制造的铜卡尺。由固定尺、滑动尺等主件组成，竖用，滑动尺可上下滑动，是迄今发现的世界最早的游标量具。

长 14.22 厘米，由固定尺和活动尺两部分组成。在固定尺的中间开有导槽，活动尺上装有导销，使活动尺可以随导槽左右滑动。活动尺正面刻 5 寸，固定尺正面也刻 5 寸，除右端 1 寸外，左边 4 寸，每寸又刻 10 分。固定尺与活动尺等长，两尺刻线大体相对。此外还有固定卡爪、鱼形柄、导销、组合套、活动卡爪等组成部分。新莽卡尺的固定尺与活动尺，相当于现代游标卡尺的主尺和副尺。组合套、导销和导槽，相当于现代游标卡尺的游标架。两架结构大致相同。

新莽卡尺的表面呈红褐色，个别细微之处胎质外露。固定尺一面刻度，另一面阴刻篆书。"始建国元年正月癸酉朔日制"，即公元 9 年制。它是世界上最早的游标卡尺。欧洲直到 1631 年才由法国数学家维尼尔·皮尔发明了游标卡尺，比我国晚了 1600 多年。

## 王莽更地名、官名·分合郡县

天凤元年（14）七月，王莽依"周礼"、"王制"更地名、官名及分合郡县。

始建国四年（12）王莽以"小尚书"、"诗"等儒家经典为根据，制定出一套分封办法：以洛阳为新室东都，长安为新室西都。州从"禹贡"画分为 9，爵从周氏而分为 5。诸侯之员 1800，附城之数也是这样。诸公一同，有众万户，土方百里。侯伯一国，众户 5000，土方 70 里。子男一则，众户 2500，土方 50 里。附城大者食邑 9 成，众户 900，土方 30 里。共立 11 公、9 卿、12 大夫，24 元士。

本月，王莽数次下令重画行政区域，更改官吏名称。废太守，代以卒正、连率、大尹；废都尉，代以属令、属长，设州牧、部监 25 人，职权礼仪如三公，每人各辖 5 郡。又将官与

跪坐俑。俑头发中分，至颈后收束为长垂髻；发稍自然下垂，梳理明晰。身穿三层衣，内衣皆为白色红领，中衣袖口金褶。两俑面庞丰满，姿态恬静端庄，衣着艳丽，是典型的宫廷侍女形象。

爵相合，公氏作牧，侯氏卒正，伯氏连率，子氏属令，男氏属长，官职与爵位世袭。分长安周围为6乡，乡设帅1人。分三辅为6郡尉，河东、河内、弘农、河南、颍川、南阳为6郡，设大夫管理，职同于太守，属正职同于都尉。河南大尹改名为保忠信卿，将河南属县增至30，设6郊州长各1人，每人辖5县。其余官职也大部分改名，一大郡分为5部，有些郡县以亭为名，共360个，以应符命。在与少数民族接壤地带，设置竟尉，以男充任。此后，终王莽之世，几乎每年都易郡县名称。

自次年起，王莽力图根据"周礼"所载古代礼乐制度，损益出一套新的礼乐制度，结果议而不决，数年未成。

# 扬雄著成《方言》、《法言》

西汉末年，扬雄著成被誉为中国方言学史上第一部"悬之日月而不刊"的著作——《方言》。他利用各方人士来京的机会进行广泛调查，收集了西汉时代黄河流域、长江流域以及当时东北方部分地区的方言，用27年整理，似尚未完成。据扬雄与刘歆的来往书信，知书原十五卷，但今本仅十三卷。

扬雄（前53～18），字子云，蜀郡成都人。中国西汉时期文学家、哲学家、语言文字学家。扬雄博览群书，学识丰富，多识古文奇字，曾续《仓颉篇》，编成字书《训纂篇》；长于辞赋，早年著有《长杨赋》、《甘泉赋》、《羽猎赋》等，词采华丽，气势恢宏，为当时赋中佳作。哲学著作则有《法言》、《太玄》，宣扬"玄"为宇宙万物的根源，"有生者必有死，有始者必有终"。

扬雄著语言文字学的著作《方言》，全称为《輶轩使者绝代语释别国方言》，又称《别国方言》。"车酋轩使者"是周秦统治者派往各地采辑歌谣及方言异语，藉以了解民情风俗的官员，可见采集方言

西汉扬雄

**137**

西汉扬雄著《方言》

在扬雄之前早已进行。《方言》体例仿《尔雅》，先列举词条，然后分别说明情况，例如第1卷第1条："党、晓、哲，知也。楚谓之党，或曰晓，齐宋之间谓之哲。"指出，"知"是当时通用语，"党""晓"是楚地表达"知"意思的方言，"哲"是齐宋的方言。《方言》对所记词汇大都说明通行区域，以各地活方言作为记录对象，不受文献记载和文字形体的限制，为我们保存了大量的古代词汇，给今天研究两汉方言通语的同异和演变，乃至古音的探究都提供了极其珍贵的资料；而且在研究方法上也为后世树立了优良传统，在中国传统训诂书中占据极重要的地位。《方言》不仅在中国方言学史上是个创举，在世界方言学史上也是一部不朽著作。

西汉末年，扬雄在所著《太玄》的基础上，摹仿《论语》，撰写《法言》。《法言》是一部学术思想著作，全书13篇，每篇1卷，它以其"玄"本质论为哲学依据，认为"玄"是天地的本原，并统摄阴阳二气，二者的对立统一

新莽博局纹四神镜。圆形。镜背置半球形钮，柿蒂钮座。镜背纹饰分为三圈：内圈为十二乳，间列地支十二字；中圈为博局纹，其间饰青龙、白虎、朱雀、玄武。

六博局石雕板。围棋和象棋，在中国都已有悠久的历史。象棋初称"六博"，唐代时改用车、马、将、士、卒、炮等子，至宋代时定型，传为现代象棋。

推动着事物的革新和社会的进步，因而他在政治上主张改革，在思想上对西汉盛行的宗教迷信和谶纬神学思想进行了批判，并总结了先秦诸子的学术思想而批判地加以发展，《法言》就是这一学术思想总结的结晶。

扬雄所著《法言》，极尊儒学，推崇孔子，认为不能离开"五经"而读"诸子"，否则就不可能"识道"，他重视智能，强调知识的重要性，他说渡海须用舟，乘舟须用楫，而要想不迷失方向，就必须要有知识，认为人具有借助学习、掌握知识以认识自然界的潜在能力，从而反对了老庄"学无益"的观点，肯定了"学"的作用和人对世界的认识能力。在人性问题上，他认为每个人的"性"中都有正、邪两面，人性中的善恶是相互混杂的，因而他既反对孟子的性善说，又不赞同荀子性恶论，提出了性的善恶相混说，在肯定学习的作用的前提下，他认为道德修养对人性有决定性作用，主张"修性"，说只有加强自身修养，才能扬善弃恶。人性中同时具有正、邪、善、恶这对立着的两面，后天的发展和张扬显得十分重要。

扬雄《法言》在哲学上、学术思想上都表现了一定的进步性，对东汉思想家、王充产生了直接影响。韩愈、司马光等人也极为推崇，可见其对后世的影响极为深远。

约 16 ~ 24A.D.

# 新朝

16A.D. 新天凤三年

新室太医、尚方（画工）与巧屠刳剥人体，量度五脏，以竹筵导其血脉，测其端末。此为中国医学史上见诸记载的最早的人体解剖个例。

17A.D. 新天凤四年

从是年起，农民纷纷起义。

18A.D. 新天凤五年

琅邪人樊崇起义于莒。

西域莎车王延卒，子康立。延，元帝时长于长安，崇慕中原文化，归国后参用西汉典制仪法。王莽时，西域诸国皆附属匈奴，唯莎车不附。

文学家、哲学家、语言文字学家扬雄卒（前 53~ 公元 18）。

19A.D. 新天凤六年

王莽作新乐献于明堂太庙。

20A.D. 新地皇元年

九月，起九庙于长安城南，黄帝庙方四十丈、高十七丈，余庙半之。钜鹿马适求等谋举燕、赵兵讨莽，事觉被杀。

22A.D. 新地皇三年

四月，遣将击青州樊崇及荆州王匡等。崇等恐其众与新兵乱，皆朱其眉，由是有"赤眉"之号。王匡等绿林兵分两支，入南郡者号下江兵，入南阳者号新市兵。新市兵王匡等攻随，平林人陈收等聚数千人应之，号平林兵。刘縯、刘秀聚众七八千人起兵于宛，称柱天都部，与新市、平林兵合。

23A.D. 新地皇四年汉更始皇帝刘玄元年

二月，新市平林共立刘玄为皇帝，建元更始。六月，刘秀等大破新兵于昆阳。

相传王莽时中国开始吃面。

24A.D. 汉更始二年

二月，更始帝迁都长安，功臣封王者十余人。更始帝封秀为萧王，征诣行在，秀受爵，不就征。刘秀发幽州十郡突骑击败铜马等农民军。公孙述大破更始帝兵于绵竹，自立为蜀王，都成都。刘秀遣邓禹将兵入关。

23A.D.

罗马皇帝提庇留广设告密之网，逮捕有反对皇帝嫌疑之人，凡有言行之间对皇帝不敬者，皆加以处分，统治日趋专制残酷。

陶范与铜钱。王莽时铸造。

# 新朝四改币制以失败告终

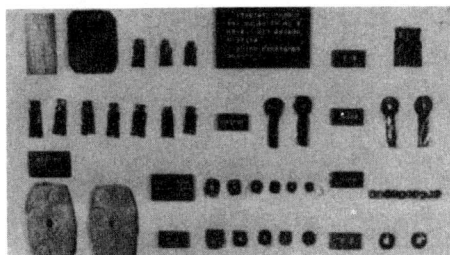

纷杂而凌乱的王莽货币

新莽铜环权。由于政策缺乏连续性，引发社会动荡。

改革币制，是王莽在当政期间实施改制的一项重要内容。从公元 7 年到 14 年，王莽共进行了 4 次币制改革。第一次是在王莽即位前的居摄二年（7），他下令在当时流通的五铢钱之外，另增发 3 种货币：大钱重 12 铢，每枚值 50；契刀每枚值 500；错刀每枚值 5000。始建国元年（9），发布第二次币制改革诏令，不仅废除与"刘"字有关的佩玉以及五铢钱、契刀、错刀三种货币，而且增发了径 6 分、重 1 铢的"小泉值一"，与前次发行的"大泉 50"一起通用。同时为防止私自铸钱，下令禁止采铜烧炭。始建国二年（10），实施第三次货币改革，发行"宝货"。计有五物（金、银、龟、贝、铜）六名（钱货、黄金、银货、龟货、贝货、布货）共二十八品，各品之间又有复杂的交换比值。由于这种币制导致货币种类太多，换算困难，流通不便，仅一年就被迫废除，仍只留值一的小钱与值 50 的大钱继续使用。天凤元年（14），进行第四次货币改革，废除大小钱，改为货泉（重五铢，值 1）和货布（重 25 铢，值 25）两种。

王莽的币制改制，总的说来是增加货币品种，以小钱换大钱，这就势必

**141**

违反经济规律，给社会经济造成很大的混乱。因此，尽管进行了四次币制改革，新币仍未能得以通行。

## 对匈战争全面发动

始建国二年（10）十二月，王莽发动了对匈奴的大规模战争。

王莽执政期间，对匈奴采取了错误的民族政策。一方面无理干涉匈奴内政，下令分匈奴全国为 15 部分，并派人到边境强立呼韩邪单于诸子，封为单于；另一方蓄意压低匈奴单于的政治地位，强改乌珠留单于本名为"知"，将"匈奴单于"之号改称为"降奴服于"。这些行为自然引起了匈奴族的极大不满，因此匈奴不断入塞掠杀吏民、南侵晋陕，边境骚乱不安。为此，始建国二年（10）十二月，王莽下诏派遣立国将军孙建率 12 位大将带领 30 万大军，分六路对匈奴进行全面的讨伐战争。第一路，遣五威将军和虎贲将军出五原；第二路，遣厌难将军和震西将军出云中；第三路，遣振武将军和平狄将军出代郡；第四路，遣相威将军和镇远将军出西河；第五路，遣诛貉将军和讨秽将军出渔阳；

匈奴古墓壁画牧羊图。自古以来，逐水草而迁徙的北方游牧民族承担东西方文化交流的重要使命。

第六路，遣奋武将军和定胡将军出张掖。各路大军穷追匈奴，先到者驻扎在边境。天凤六年（19），王莽再次发兵攻击匈奴，"招募天下丁男及死罪囚徒、吏民奴"，称之为"猪突"、"豨勇"，作为精锐部队；又命全国吏民捐献资产的三十分之一用作军费；同时远征招天下有奇技异能足以攻匈奴的人，以高官厚禄激励他们参战。尽管如此，征伐匈奴的战争并没有取得胜利，相反损失惨重，"数年之间，北边虚空，野有暴骨矣"（《汉书·匈奴传》）。

王莽发动的两次对匈奴的全面战争，不仅加重了国内人民的负担，而且破坏了自汉武帝以来汉匈之间和平安定、和睦相处的局面。

# 绿林军起义

天凤四年（17），荆州一带发生饥荒，新市（今湖北京山）人王匡、王凤兄弟为饥民排解纠纷，深得饥民爱戴，被推为领袖，聚众起义。不久南阳人马武、颍川人王常、成丹等率众参加。他们劫富济贫，除霸安民，深受群众拥护，数月之间便发展到七、八千人。他们的根据地在绿林山（今湖北大洪山）中，故称为"绿林军"。地皇二年（21），绿林军在云杜（今湖北河沔）打败了荆州二万官军，乘胜占领了竟陵（今湖北钟祥）、安陆（今湖北安陆）等地，起义队伍发展到数万人。第二年，绿林山一带发生瘟疫，农民军死亡过半，于是分兵转移。一支以王常、成丹为首，西入南郡（今湖北江陵），称下江兵；一支由王匡、王凤、马武率领北入南阳（今河南南阳），称新市兵。这年七月，新市兵进到随县（今湖北随县），平林（随县东北）人陈牧、廖湛聚众数千人起兵响应，称平林兵，与新市兵联合。第二年各军会合，立西汉皇族刘玄为帝，建元"更始"。更始政权建立后，王莽大为惊慌，急派王寻、王邑领兵42万，号称百万，前来镇压。昆阳（今河南叶县）一役，王莽军主力全线崩溃，绿林军取得了决定性的胜利。绿林军乘胜北攻洛阳，西战长安。西路军进入武关，得到人民响应，迅速攻占长安，王莽被杀。同时北路军也攻占洛阳。刘玄移都长安后，杀害起义军将领。更始三年（25）赤眉军攻入长安，刘玄投降，不久被杀。更始政权结束，绿林军宣告失败。

历时近9年的绿林军起义，给这个腐朽、黑暗的王莽统治集团以致命的打击，用暴力推翻了新莽政权的统治。

# 赤眉军起义

天凤五年（18），青、徐一带发生大灾荒，琅邪人樊崇率百余人于莒县起义。起义军以泰山为根据地，转战黄河南北。次年，樊崇的同乡逢安与东海人徐

宣、谢禄、杨音等聚众数万人，一起归附樊崇。起义军没有文书、旌旗、部曲、号令，以言语相约束，共同遵守"杀人者死，伤人者偿创"的纪律。起义军最高首领为"三老"，其次为"从事"，再次是"卒史"，彼此之间称"巨人"。为与官军相区别，起义军每人皆以赤色涂眉，因而被称为"赤眉军"。地皇三年（公元22年），赤眉军于成昌与王莽十万军队展开激战，斩杀王莽更始将军廉丹，大败官军。成昌大捷后，赤眉军乘胜向西发展，人数已达到十万人，给王莽政权在东方的统治造成了致命的威胁。因刘玄杀害起义军首领申屠建、陈牧等，排斥异己，赤眉军于是在更始二年（24）分两路进攻刘玄政权。次年，两路军会师于弘农，连败刘玄军，队伍迅速发展到三十万人。赤眉军拥立西汉宗室、十五岁的牧童刘盆子为帝，年号建世。接着攻入长安，刘玄投降。此时关中豪强地主隐匿粮食，武装抵制赤眉军。建武二年（26），赤眉军粮食断绝，退出长安，转移至安定、北地一带，又遭到割据势力隗嚣阻挡与风雪袭击，只得折返长安，引众东归。次年，于新安、宜阳一带，陷入刘秀所设重围，刘盆子等投降，起义最后失败。

绿林、赤眉、铜马起义图

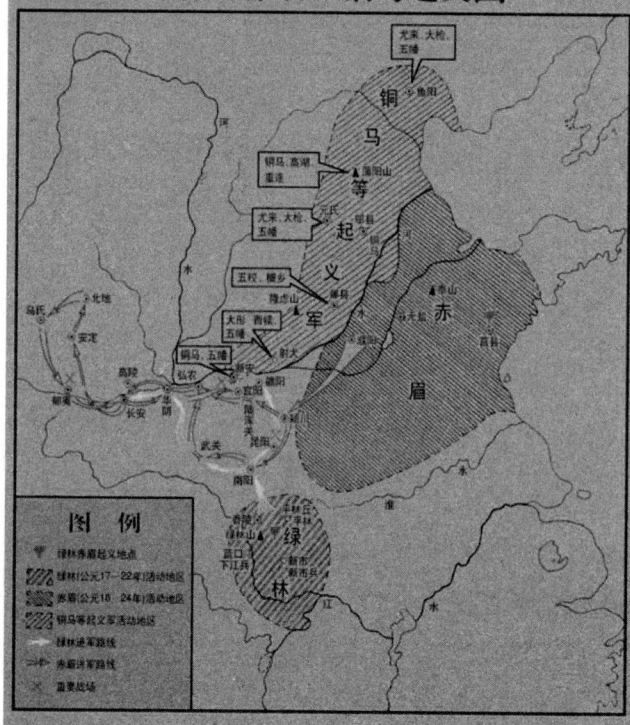

赤眉军是当时始终保持着农民本色的最大的起义军，它不仅给新莽反动统治以沉重的打击，而且解放了大量奴婢，使大批农民夺得了一部分土地。

## 刘縯刘秀起兵

刘縯,字伯升,是南阳春陵的一个大土豪,胞弟刘秀。他们兄弟是汉宗室,既富有资财,又广结豪侠,目睹天下大乱,早有所图。地皇三年(22),绿林军新市兵、平林兵进至南阳,宛县人李轶、李通分别邀刘縯、刘秀商议起兵之事,以"刘氏复兴、李氏为辅"的谶言劝说他们起事。随后刘縯、刘秀联合,很快聚拢豪强子弟七八千人,称汉军;派族人联络新市、平林兵,共同攻下棘阳。从此,刘氏兄弟以反莽为旗帜,走上了利用农民起义以复兴汉室、争夺帝位的道路。

## 刘玄称帝

刘玄字圣公,南阳人,在绿林、赤眉大起义中加入平林,地皇四年(23)二月,绿林军发展到十余万人,因军队无统一指挥,想立刘氏为帝,以其皇族威望统率各路兵马。

当时刘縯、刘玄都以皇族身份争夺帝位,而刘縯统率春陵兵实力强大,为一些农民军将领所忌;刘玄却是只身加入平林兵,势单力薄,因此得到相当部分农民军将领的支持。故而新市、平林、下江各路将帅共同定策,立刘玄为帝。于是,在淯水上,设坛场举行仪式,恢复汉朝,改元更始。

## 刘秀败莽军主力于昆阳

更始元年(23),绿林起义军已发展到十多万人,起义军攻南阳、占昆阳(今河南叶县)、下定陵(今河南舞阳),节节胜利。王莽对此惊恐万分,

**145**

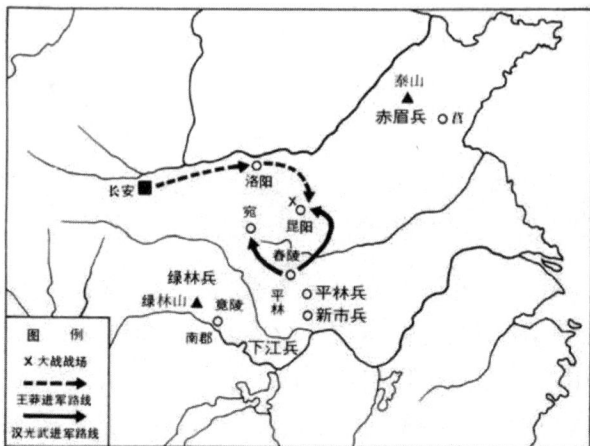

昆阳之战形势图

他派大司马王寻、大司空王邑率领各州郡精兵四十二万，号称百万，向宛城进发，妄图一举歼灭起义军。五月到达颖川，与严尤、陈茂的军队会合，然后直逼昆阳，把昆阳城包围起来。城内起义军仅八、九千人，力量单薄，但他们毫不畏缩。首领王凤、王常一面率众坚守阵地，一面派刘秀、宗佻、李轶等十三轻骑乘夜出城到定陵、郾城等搬请救兵。六月，刘秀等人集中万余起义军增援昆阳。援军在距莽军四、五里的地方列成阵势，准备交战。刘秀仔细观察敌军阵势后，决定先发制人。他亲自率领步、骑一千人作为前锋，向敌军猛烈冲杀过去，击溃莽军调来迎战的一千余人。首战告捷，将士们大受鼓舞，准备乘胜前进。此时宛城已被义军攻破，但刘秀还没有得到消息。为了鼓舞士气，瓦解莽军，刘秀就制造了攻克宛城的捷报，射入城中，又故意将一些战报丢失，让莽军捡拾。攻克宛城的消息一经传开，城内起义军士气更加高涨，守城更加坚定，而莽军苦战一月，毫无进展，又听说宛城已经失守，士气更加低落。刘秀抓住战机，进行决战。他挑选三千勇士组成敢死队，迂回到城西，出其不意地渡过昆水，向莽军中坚发起猛烈攻击。王邑、王寻见起义军不多，亲率万余莽军迎战，并命令其余各军不许擅自行动。莽军接战不利，大军又不敢擅来相救；王邑、王寻军阵大乱，王寻被杀。守城义军也乘势杀出，内外合击，喊杀声震天动地。莽军全线崩溃，奔走践踏，伏尸百余里。这时又逢狂风暴雨大作，屋瓦皆飞，雨下如注，逃窜的莽军赴水溺死者又有万余人。起义军尽获其辎重，不可胜数。莽军四散逃走，只有王邑带领的长安兵几千人逃回洛阳。

昆阳之战从根本上摧毁了王莽的主力，取得了西汉末年农民起义的决定性胜利。

# 王莽起九庙以镇国

地皇元年（20），农民起义在全国各地纷纷爆发，王莽政权岌岌可危。这时候，王莽听信阴阳术士之言，认为在四方纷争起事、社会动荡之时，大兴土木以建万世之基，能够镇住声势越来越浩大的农民起义，并保证国家的长治久安。于是在当年九月，选址于长安城南，占地百余顷建筑九座庙宇。王莽亲临城南奠基，并派司徒王寻、大司空王邑及侍中常侍、执法杜林等10人监工。官方广征天下能工巧匠和役夫到京师。为筹措建筑经费，甚至公开卖官鬻爵。九庙中有祖庙5座，亲庙4座。因王莽自称黄帝为其"皇初祖考"，所以黄帝庙最大，东西南北各长40丈，高17丈，其余各庙规模只及它的一半。各庙均以铜为柱，图纹彩绘均出自高手，又饰以金银王周文，可以说是穷极百工之巧，极尽富丽堂皇。建九庙耗资数百万，役卒死亡数以万计。庙成后两年，王莽就为农民起义军所杀。

# 刘玄杀刘缤移都洛阳

刘玄与刘缤、刘秀兄弟都属西汉皇族，在新莽王朝时他们各自抱着政治野心加入了农民起义军。刘玄凭借自己高于农民的学识操纵新市、平林两支队伍；刘氏兄弟则依靠自己起事时的七千豪强子弟在起义军中占据重要地位，双方一开始起就展开了暗中较量。不久，在争夺义军所设的皇位中刘玄得势，成了更始皇帝。而刘氏兄弟在昆阳大战中战功卓著，一时也威名大震。更始元年（23）六月，新市、平林诸将因刘缤兄弟威名日盛，暗中劝刘玄除掉他们。当时刘缤的部将刘稷不服刘玄做皇帝，刘玄封刘稷为抗威将军，刘稷不肯拜受君令；刘玄便逮捕了稷，准备将他处死，而缤则极力保他，刘玄便乘机将刘缤也一起杀掉了。当时刘秀正在前线作战，虽知悉兄长被杀，但迫于新市、平林的势力，不敢有所动作，反而去拜见刘玄，自责平时没有好好劝阻兄长，以致使他得罪了皇帝。刘秀不提自己在昆阳大战的功劳，也不敢为刘縯服丧，饮食言笑一如平常。如此，获得了刘玄的信任，再委任他为破虏大将军，并封他为武信侯。

刘玄杀刘縯之后，把大权集中于自己手中，于是兵分两路，一路直取长安，一路进攻洛阳。更始元年（23）九月，起义军攻下洛阳。刘玄即任命刘秀为司隶校尉，前往洛阳整修宫府。同年十月，刘玄由宛县移都洛阳。

## 汉代礼制建筑受到重视

西汉的礼制建筑主要有：明堂、辟雍、灵台、宗庙、南北郊和社稷。

西汉的明堂是用作"顺四时，行月令，祀先王，祭五帝"的礼制建筑。明堂的形制一般是以茅草覆盖屋顶，屋顶为圆形，房子为方形，所谓"上圆下方"，上圆象天，下方法地，明堂有五室，象征金、木、水、火、土五行。明堂又称九室，九室象征九州。四座门象征东、西、南、北四方和春、夏、秋、冬四时。长安的明堂是平帝在位时王莽建筑的，位于长安城南，安门之东、杜门之西处。辟雍也叫"壁雍"，因其形状"如壁之圆，雍之以水"。西周时为教育场所，后代为祭祀之处。西汉的辟雍在长安城南。灵台是天子用于"观祲象，察之妖祥"的地方。汉代灵台又称"清灵台"或"清台"。据记载，灵台位于长安复盎门以南。原高达15仞，上置有浑天仪，相风铜鸟、铜表等天文仪表器械。其形制为一方形高台建筑，平面为方形，台基四周有上、下两层平台，台的东西南北四面墙壁上，分别刷成青、白、朱、黑的颜

新莽时期四神瓦当四种。这些模印有青龙、白虎、朱雀、玄武四神的瓦当，大气磅礴。

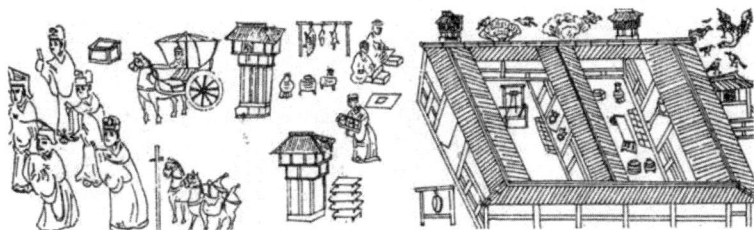

沂南画像石墓中的祠堂图

色。顶为观察天象的场所，灵台四周的建筑为主持天文工作的衙署。

西汉初年的宗庙都修在长安城内。高祖其父太上皇庙位于长乐宫北边、香室街以南，高祖庙和惠帝庙在安门之内，安门大街东边，长乐宫西南；文帝庙称"顾成庙"，位于长安城南。从景帝开始，终西汉一代，皇帝的宗庙就修在帝陵附近。由于西汉有预作寿陵的制度，作为陵庙也于皇帝生前营建。但生前所筑讳言庙，称之为"宫"。西汉晚期，宗庙建筑遍于京师，多至176座，长安规模最大的宗庙建筑要属王莽的"九庙"。

南北郊乃祭祀天地之处。古人认为天是半圆的，因而祭天之处往往选择或有意营筑成半圆形土丘，以此象征天去祭祀。西汉的"南郊"也称"圜丘"，高2丈，周围120步，在长安城南。武帝时立后土于汾阴，成帝时，将于汾阴祭地的后土迁徙到长安城以北的高祖长陵附近，所以地郊也称北郊。北郊和南郊在同一条南北线上。

社稷实际上就是祭祀"地母"。西汉朝廷在长安设立的"社"叫"官社"。官社中以树为"社神"，"社神"也叫"田主"、"田祖"或"田神"，实际即土地神。"社"的祭祀活动一般在8月，即春种秋收之季。长安社稷遗址在"九庙"西南。

## 王莽死·新朝覆灭

更始元年（23）九月，绿林军攻入长安，王莽被杀，新莽王朝覆灭。

更始元年（23）六月，昆阳大战使王莽军队的主力损失殆尽，王莽集团内部因此而呈现一片混乱和分裂状态。王莽的心腹王涉、刘歆和董忠等准备

汉并天下

新莽铜诏版。新莽铜诏版，1982年出土于甘肃合水县。诏版阴刻铭文，为王莽统一度量衡的诏书。九行，每行九字。原应镶嵌在一件本质量器上，因年代久远，木器朽烂，只存诏版。

新莽地皇年间二龙穿壁壁画。此图位于脊顶，与日象、月象及象征后土的土伯御蛇画面为邻，性质当属汉代尊崇之天神。

劫持王莽，发动政变。事败，刘歆自杀，董忠被诛。大臣内叛，军事外破，王莽陷入内外交困的境地。绿林军则乘胜展开强大攻势：王匡率兵直攻洛阳；申屠健、李松等进逼武关。各地也都"翕然响应，皆杀其牧守，自称将军，用汉年号，以待诏命"。王莽作垂死挣扎，征发囚徒为兵，企图阻挡绿林军。但囚徒兵很快倒戈反莽，掘王莽祖坟，烧王莽祖庙。析县人邓晔、于匡响应义军，迫使析县宰和武关都尉投降，攻杀莽军右队大夫。王莽无计可施，便带领群臣到南郊哭天，以求上苍保佑。但王莽越哭，义军越近，不久长安便被起义军包围得水泄不通。九月，绿林军进入长安，长安市人朱弟、张鱼率众起义响应，攻入

王莽像。新朝的建立者，他曾以"符命"（以"祥瑞"征兆附会成君主得天命的凭证）代汉自立，并影响东汉经学家将"经纬"引入经学。

150

宫廷，火烧宫室。王莽逃入未央宫中的渐台，妄图依靠台周围的池水阻挡农民军。但农民军重重包围，不断射箭，很快攻入渐台，王莽被商人杜吴所杀。起义军将王莽的头传到南阳，悬挂在南阳市，"百姓共提击之，或切食其舌"。（《后汉书·王莽传》）。

王莽新朝建立了15年，在礼仪、职官、土地、货币、税贷等方面频繁改制，造成经济混乱，社会矛盾激化，终于在农民起义的熊熊烈火中灰飞烟灭。

## 刘歆谋反事泄自杀

刘歆，字子骏，后改字颖叔，是刘向的儿子。他是古文经学派创立者、目录学家、天文历算学家，是圆周率最早研求者之一。作为经学家，他曾在王莽的授意下搜罗整理旧经，为王莽篡权寻求根据。王莽称帝后，封刘歆为国师公。新莽地皇四年（23），王莽军队在昆阳之战中遭受惨重失败，关中地区大为震恐。当时王莽的卫将军王涉听信道士西门君惠的煽动，认为根据天文谶记，汉室要复兴，刘歆将应天命。王涉便与大司马董忠秘密商议，两人串通劝说刘歆起事，以顺应天兆。刘歆为他们所诱惑，暗中布置，准备劫持王莽，发动政变。由于处事不周密，被王莽亲信探知他们的活动，向王莽告密。于是起事失败，董忠被处死，刘歆、王涉自杀。

## 刘秀巡河北·击王郎、铜马

更始元年（23）至更始二年（24）刘秀借更始帝刘玄派他巡河北之际，打垮了王郎、铜马部队，壮大了个人势力。

更始元年（23）十月，更始帝刘玄不顾一些将领的反对，派刘秀以破虏将军行大司马事的名义，持节渡河北上，镇抚诸郡。刘秀进入河北后，所过郡县考察官吏，黜陟能否，释放囚徒，废除王莽苛政，复汉官名，吏民喜悦，争持牛酒迎劳，但刘秀一概不受。南阳人邓禹追刘秀至邺，进说刘秀延揽英雄，收拢人心，恢复刘氏基业，安定天下。刘秀留下邓禹与定计议。更始二年（24）

**151**

正月，刘秀因王郎新盛，便北徇到蓟，但于二月遭到王郎与前广阳王之子刘接的联合反击。刘秀狼狈南逃，进退失据，直到退至信都后才算安定。既入信都，刘秀便以此为根据地，重新打出大司马的旗帜，号召附近的郡县，募兵四千人。他亲率四千人出击，占领堂阳、贳县。同时又派遣使节，连络王莽的和戎卒正（即太守）邳彤、昌城人刘植、宋子人耿纯，合兵攻陷下曲阳，很快兵力发展到数万人。刘秀随即带领这些部队北击中山，拔卢奴。同时号召各郡县发兵，共击王郎。郡县也多起而响应。于是连陷新市、真定、元氏、防子等地，接着与王郎的大将李育在柏人发生了遭遇战。正在这个时候，上谷太守耿况，渔阳太守彭宠，各派他们的将领吴汉、寇恂，带领大队骑兵赶来，更始也派遣尚书仆射谢躬带兵来讨伐王郎。于是刘秀大缮士卒，连兵围巨鹿，大败王郎之兵于南鸞，随即进围邯郸，拔其城，捕斩王郎。

刘秀既斩王郎，声势大震于河北。刘玄怕他尾大不掉，便封他为萧王，令他罢兵回到长安。但刘秀自从兄长刘缤被刘玄杀掉以后，即下决心独树一帜，以求实现自己的政治抱负。如今既入河北，又如何愿意再回长安，自投罗网？加之他的部下怂恿，劝他自取天下，于是对刘玄托辞说河北尚未平定，不奉诏命。从此脱离刘玄的控制，而与之对立。

刘秀既然立志创造帝业，所以毫不犹豫地开始了屠杀农民军的行动。更始二年五月，刘秀拜吴汉、耿弇为大将军，持节发幽州十郡突骑以击铜马军。更始帝委任的幽州牧苗曾闻讯，暗中指示诸郡不得应调。吴汉、耿弇便斩掉苗曾，使幽州震骇，迫使诸郡都发兵相助。同年秋天，刘秀亲统大军击铜马于鄡，又命吴汉带领突骑会于清阳。铜马军粮草用尽，乘夜突围。刘秀大军追至馆陶，大加屠杀。正当此时，高潮、重连等部农民军从东南来，和铜马的余部会合，与刘秀大战于蒲阳。结果，因高潮、重连等农民军领袖背叛群众，大部分兵士，都被骗而改编为刘秀的创业之军。从此，刘秀便拥有数十万军队，一步步接近了皇帝的宝座。